AF557654

Die 3 Säulen der Rhetorik

Wie Sie Ihre Ausdrucksweise, Wortschatz & Körpersprache sofort verbessern, um in jedem Gespräch selbstbewusst zu überzeugen

Matthias Vohs

Email: info@edition-lunerion.de
www.edition-lunerion.de

Psiana eCom UG
Berumer Str. 44
26844 Jemgum

INHALT

Vorwort

Wer bist du?
Wo kommst du her?
Wo willst du hin?

Die Antwort auf die ersten beiden Fragen weißt du mit Sicherheit. Die Antwort auf die letzte Frage wandelt sich, weil sich im Laufe des eigenen Lebens auch die Ziele verändern. Jeder Mensch hat Träume und möchte etwas erreichen – ein Zeichen setzen, das an ihn erinnert, etwas, worauf er stolz zurückblicken und sagen kann: „Ja, daran habe ich gearbeitet und deshalb bin ich heute, wo ich sein will."

Ein wichtiges Werkzeug in diesem Streben ist die Ausdrucksweise. Um sich einen Weg in die Riege derer zu bahnen, die dieses Streben in einem geweckt haben, ist ein passender Wortschatz durchaus von Vorteil. Ein Vorteil, der Zugehörigkeit signalisiert und in Akzeptanz resultiert. Dafür musst du allerdings nicht dein ganzes Vokabular umkrempeln. Denke an die großen Reden der Geschichte: Martin Luther Kings *I have a Dream* oder Winston Churchills *Let Europe Arise!* sind bis heute Gegenstand eingehender Analysen und zementieren die Rolle beider Männer in der Weltgeschichte. Dennoch sagen sie wenig über die Persönlichkeit dieser aus und sind selten selbst geschrieben. Die eingehende Wirkung einer Rede hängt nämlich mit der **Rhetorik** zusammen, nicht mit dem, *was* gesagt wird, sondern mit dem, *wie* es gesagt wird. Es hängt mit dem Zeitpunkt zusammen, zu welchem die Rede vorgetragen wird, damit sie auch den richtigen Ton trifft.

Das antike Griechenland hat namhafte Rhetoriker zu bieten, die diese Redekunst etabliert haben: Auf Isokrates und Demosthenes beispielsweise wird sich bis heute berufen, wenn sie Thema ist. Aus Worten lässt sich demnach um einiges mehr herausholen, wenn man die Fähigkeit besitzt, sie richtig zu verpacken. Deine Ausdrucksweise ist eng verknüpft mit deinem Wortschatz und dieser wiederum sagt genug über deinen Hintergrund aus, um einen bleibenden Eindruck zu hinterlassen. Anders gesagt: Es ist egal, ob du in Jogginghose und Kapuzen-Pulli dasitzt oder einen Maßanzug trägst. Sprichst du selbstbewusst über ein Thema und zeigst ein ehrliches Interesse daran, sind Jogginghose und Kapuzen-Pulli zweitrangig. Genauso ist der Maßanzug vollkommen egal, wenn du wenig zu einem Gespräch beizutragen hast. Die perfekte Kombination ist und bleibt Selbstbewusstsein und Eloquenz. Die Macht der Worte ist nicht zu unterschätzen und deswegen musst du dafür sorgen, dass du die richtigen zur Hand hast, wenn es darauf ankommt. Sie sind ein Teil deines Repertoires, das stets wie ein Garten gepflegt, aber auch wie Messer gewetzt werden muss. So öffnest du dir selbst nicht nur die nötigen Türen, sondern sorgst auch dafür, dass sie dir aufgehalten werden.

Die Kunst der Worte

Dieses Buch kreuzt deinen Weg zu genau dem richtigen Zeitpunkt. Es ist der Zeitpunkt, an dem du beschlossen hast, etwas zu ändern. Der Moment, in dem dir klar geworden ist, dass dein Spiegelbild die einzige Person zeigt, gegen die du antrittst. Nicht als dein Gegner, sondern als deine Vorgängerversion. Das ist der einzige Vergleich, den du zu Beginn deines Strebens ziehen musst. Du willst nicht so sein wie jemand anderes, du willst nur besser sein als der, der du jetzt bist.

Überlege dir also, welche Rolle dein Wortschatz darin spielt. Was ist dir aufgefallen, und – vor allem – wann ist es dir aufgefallen? War es die Schüchternheit, die dich daran gehindert hat, an einem interessanten Gespräch teilzunehmen? Dein klopfendes Herz, das vielleicht raste, noch bevor du deine Präsentation überhaupt beginnen konntest? Das Pult, welches zitterte, weil deine Hände es taten? Dein Mund war trocken? Plötzlich konntest du deine eigene Schrift nicht mehr lesen? Und die ganze Zeit wartet dein Publikum gespannt darauf, dass du beginnst?
Es wartet...Und wartet...Und wartet.

Hast du gespürt, was ich beschrieben habe? Oder war dir dieses Gefühl nur zu vertraut und ich habe nur Salz in diese kleine, große Wunde gestreut? Brennt es, weil dir dieses Bild bekannt ist? Kannst du dir vorstellen, wie es brennen würde?

Das ist die Macht der Worte. Deshalb heißt es Redekunst – weil es eine Kunst ist, Bilder entstehen zu lassen, wenn man eigentlich keine Farben zur Hand hat, um sie zu malen, geschweige denn eine Leinwand. Die einzige Leinwand, die deine Worte haben, sind die Köpfe derer, zu denen du sprichst. Aus diesem Grund musst du wissen, was du sagst und wie du es sagst. Du musst wissen, was es ist, das dich dazu inspiriert, Menschen zu folgen. Menschen, die du eigentlich kaum kennst und die dich aber dazu bringen, erhobenen Hauptes für etwas einzutreten, das dir wichtig ist. Hast du dich je gefragt, warum das so ist? Was ist so überzeugend an ihren Worten und an ihrem Auftreten, das sie zu Führungspersönlichkeiten macht? Das sie beliebt macht und das dafür sorgt, dass sie auch in ihrer Abwesenheit Gesprächsstoff sind? Wortschatz! Ausdrucksweise, ja. Aber es ist Wortgewandtheit. Es ist Charakter, es ist Charme, es ist Humor. Es ist Stärke. Wortgewandtheit ist vor allem eine Stärke. Die Stärke der Aufmerksamkeit, denn die hat man, sobald man weiß, wie man sie bekommt. Hast du einmal den Dreh raus, fühlst du dich wie ein Fisch im Wasser. Dafür, dir dieses Gefühl näherzubringen, ist dieses Buch da. Und weil du es spüren und wissen willst, wie es ist, wenn Menschen dir zuhören wollen, hältst du es in der Hand. Es ist also die perfekte Kombination, um ein gestecktes Ziel zu erreichen. Wenn du dieses Buch schließt, wirst du sicher verstehen, was es mit den Geheimnissen der Worte und ihrer tiefgehenden Wirkung auf dich und deine Umwelt auf sich hat.

Die 3 Säulen der Kommunikation

Nonverbal

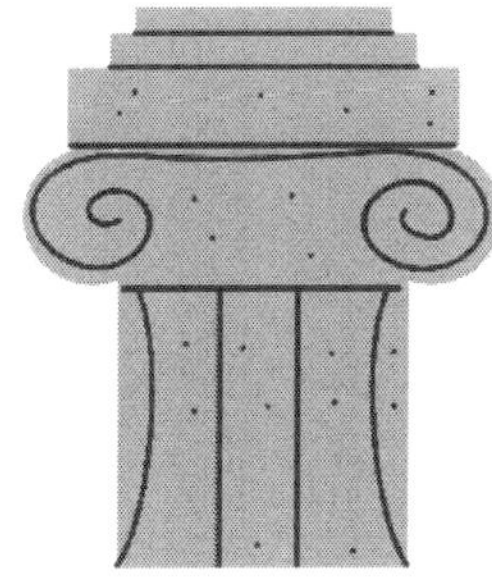

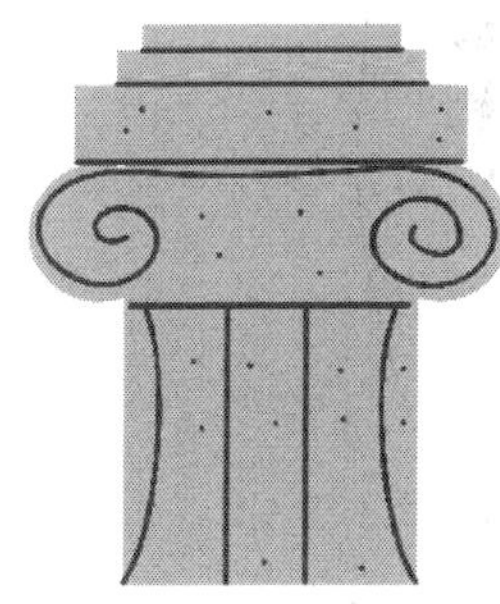

Paraverbal

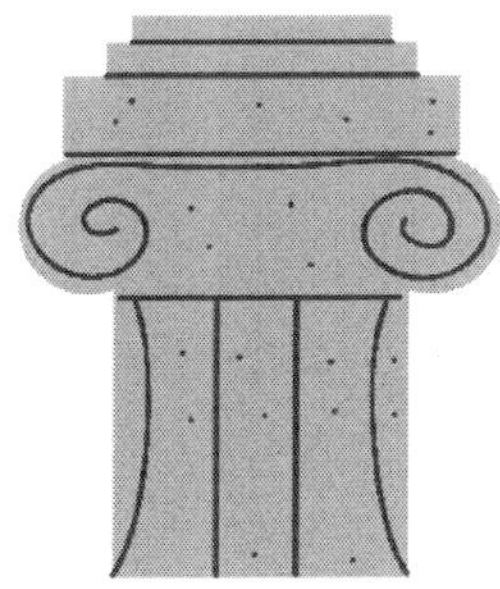

DIE ERSTE SÄULE: VERBALE KOMMUNIKATION

Was sage ich?

Wenn man sich mit dem Thema Wortschatz beschäftigt, kommt zuerst die verbale Kommunikation in den Sinn. Natürlich denkt man an die richtige Wortwahl und den Ausdruck. Selten denkt man dabei an **die Stimme** oder daran, wie viel von der eigentlichen Interaktion durch **nonverbale Kommunikation** abgedeckt ist. Genau – nonverbale Kommunikation. Der Verlauf einer Interaktion wird nämlich nur zu 7 % durch Sprache beeinflusst. So gesehen, musst du die Sprache deines Gegenübers also eigentlich kaum beherrschen, wenn du Kontakt aufnehmen willst. Zumindest sind die Worte nicht das, worauf du eigentlich achtest, wenn du zuhörst.

Es sind Körpersprache und Mimik, die einen Eindruck nachhaltig prägen, wenn deine Konnotation zu den gesprochenen Worten eine positive ist. Das heißt, dein Gegenüber könnte dir theoretisch mit dem Grinsen eines Honigkuchenpferdes über Atomkrieg und Hungersnot erzählen und du würdest eher der Stimme glauben als dem Inhalt. Umgekehrt reagierst du auf das Thema Plätzchen und Weihnachtsbäckerei bestürzt, wenn dein Gegenüber dabei heult wie ein Schlosshund.

Albert Mehrabian (*1939)
...ist ein US-amerikanischer Psychologe
...erlangte Bekanntheit durch seine theoretische Forschung in der Kommunikation
...hat mehrere Abschlüsse, u. a. in Ingenieur- und Naturwissenschaften

Diese Fehlinterpretation einer Studie von *Albert Mehrabian* aus dem Jahr 1968 ignoriert aber den Inhalt des Gesprochenen als Basis der gesamten Interaktion. Die Mimik und Gestik ergeben nur dann ein komplettes Bild, wenn auch die Sprache in die Interpretation einbezogen wird. Mehrabian selbst klärt das Missverständnis in einer Podcast-Folge von *More or Less* (BBC 4, 2009) in einem Interview mit *Tim Hartford* darüber auf. Er beschreibt folgende Situation: Wenn er dich darum bittet, ihm einen Bleistift aus dem oberen Stockwerk seines Hauses zu bringen, beschreibt er dir die Lage besagten Bleistifts genau. Er teilt dir mit, dass sich der Bleistift in der dritten Schublade seines Nachttisches im Schlafzimmer befindet, damit du den Bleistift direkt lokalisieren kannst. Diese Beschreibung geschieht verbal.

Natürlich könne er, so Mehrabian weiter, auch stumm nach oben zeigen, aber das würde nicht zum gewünschten Ergebnis führen. Es würde nicht dafür sorgen, dass du weißt, wo genau sich der Bleistift befindet oder was genau Mehrabian eigentlich von dir will. Genau deshalb ist das gesprochene Wort ein wichtiger Teil der Kommunikation und kann nicht vollkommen ignoriert werden. Kommunikation ohne Sprache verfälscht das Ergebnis und führt nicht zum Ziel.

In seiner Studie untersuchte er das Zusammenspiel von Wörtern und der Reaktion des Gegenübers. Er unterteilte Worte in positiv, wie zum Beispiel *Danke*, *Liebling* und *Schatz*, in neutral, wie *also*, *was* oder *so*, und abschließend in negativ, wie etwa *schrecklich*, *Grobian* und *Trauer*. Bei der Untersuchung stellte er fest, dass die negativen Worte weniger ins Gewicht fielen, wenn der dazugehörige Gesichtsausdruck freundlich war. Anschließend verglich Mehrabian den Zusammenhang dieser sogenannten vokalen Elemente mit der Mimik. Daraus folgerte er, dass die Stimme mehr ins Gewicht fiel als das eigentliche Wort. Das Ergebnis, und damit das wirkliche Gesicht des hartnäckigen 7–38–55 Mythos, sieht aus wie folgt:

Inhalt = Stimme + Mimik

Genauer: 7 % Wort, 38 % Stimme und 55 % Körpersprache

Also ja, es stimmt, dass Körpersprache wichtig ist. Es stimmt, dass Worte wichtig sind, aber genauso die Stimme. Diese Erkenntnisse können nicht separat betrachtet werden, wenn man sich mit dem Thema beschäftigt, denn nur im Zusammenhang ergeben sie einen nachvollziehbaren Sinn. Wie wichtig Worte für den Inhalt und die Wahrnehmung einer Person, beziehungsweise für ihr Auftreten, sind, wird klar, wenn besagte Person einem Honig um den Mund schmiert, während sie spricht. Welche Bilder erweckt sie in den Köpfen ihrer Zuhörer? Warum kann sie überzeugen und andere nicht?

Mit sprachlichen Bildern überzeugen

Bilder sagen bekanntlich mehr als 1000 Worte. Überlege mal, wie viele Bilder und Gemälde du im Kunstunterricht interpretieren musstest. Wie oft hat sich herausgestellt, dass du und deine Klassenkameraden zwar ein und dasselbe Werk vor euch habt, aber jeder von euch etwas anderes darin sieht?

Genauso abwechslungsreich sind die Ansichten in der Welt. In Zeiten von Memes, GIFs, Vines, TikTok und Emojis ist die Bandbreite praktisch gigantisch. Meme-Legenden wie Bad-Luck-Brian, Success Kid und Grumpy Cat wirkten wie das Sprachrohr der Weltbevölkerung, denn durch das Internet gelangten sie problemlos in die kleinsten Ecken der Welt. Sie sind nicht so international unterschiedlich wie Gesten, sondern drücken sozusagen Gemeinsamkeiten aus. Sie appellieren an Gefühle, die jeder kennt.

Deswegen bestimmt visuelles Marketing einen Großteil in der Marketing-Branche. Es liefert Wiedererkennungswert durch einheitliches, aber innovatives Design. Während man sich häufig nur an den letzten Teil eines Gespräches erinnern kann, bleibt die visuelle Unterstützung im Gedächtnis. Das Gehirn verlässt sich schließlich tagtäglich auf visuelle Reize, sonst gäbe es solche Sprüche wie „Das Auge isst mit" nicht und dein Mittagessen hätte sich umsonst aufgebrezelt.

Sprachliche Bilder sind ein unumstrittener Vorteil für eine bleibende Erinnerung. Die Wortwahl verleiht einer Schilderung Emotionen, die man nachempfinden kann. Der Unterschied wird sofort erkennbar. Nehmen wir als Beispiel die Aussage „Ich habe Kopfschmerzen." Sachlich und auf den Punkt gebracht. „Mein Kopf fühlt sich an wie in einem Schraubstock" sorgt dagegen dafür, dass man sofort mitfühlend das Gesicht verzieht. Jeder weiß, was gemeint ist, wenn nach einem Sonnenbrand die Haut brennt. Obwohl sie nicht wörtlich in Flammen steht, kann man den ziehenden Schmerz, den ein solcher Sonnenbrand mit sich bringt, nachempfinden.

Für ein positives Beispiel nehmen wir Welpen und Kätzchen. Sie sind niedlich, klar, aber sie sind auch „flauschig", „mini-klein", „samtweich" und „das absolut niedlichste, was die Welt jemals gesehen hat!" Babys sind zuckersüß, weshalb man heute auch einfach sagt, jemand sei absolut Zucker. Jeder weiß, dass Zucker süß ist beziehungsweise dazu verwendet wird, zu süßen. Du redest weder mit Welpen und Kätzchen noch mit Babys wie mit Erwachsenen. Die Stimmlage verändert sich und wird höher, der Gesichtsausdruck offener und dein Körper versucht nach außen hin zu zeigen, dass du keine Gefahr darstellst. Die Art und Weise, wie wir übertreiben und beschreiben, bietet eine emotionale Reichweite, die sachliche Darstellungen nicht haben. Wenn sich die Gelegenheit für Ausschmückungen bietet, sollte man sie also ergreifen – sofern sie zur Situation passen und in Maßen angewandt werden natürlich.

Wichtig ist nämlich, dass man nicht zu dick aufträgt. Zwar zeigt man Kreativität, je besser man etwas bildlich beschreiben kann, aber es sollte sich auch nicht anhören, als spräche man eine völlig andere Sprache. Das Ziel sprachlicher Bilder ist doch immerhin, dass man ein breites Publikum mit ein und derselben Formulierung erreicht. Ein Bild kann genau genommen so viel erzählen wie ein Roman – wirklich weit mehr als tausend Worte also, eher so in die Richtung 60.000 Wörter. Ein Bild erzählt dem Betrachter die Geschichte einer Momentaufnahme, wobei der Betrachter sich durchaus die Vorgeschichte zu dem Bild einfach dazudenken kann. Aber nicht nur in modernen Zeiten von Photoshop, Facetune und Filtern kann man die Richtung der Vorgeschichte beeinflussen. Maler setzten ihre Auftraggeber bestmöglich in Szene – diese Gemälde haben die Zeit überdauert und man fragt sich selten, ob das Gemälde das Modell originalgetreu wiedergibt. Man geht einfach davon aus. Als im 19. Jahrhundert die Fotografie gesellschaftsfähig wurde und man sich in Studios ablichten lassen konnte, wurden auch diese Bilder nachträglich bearbeitet. Zum Beispiel wurde die Taille schmaler gemacht oder die Haut von Makeln befreit. Es gibt Fotos, auf denen es durch Überbelichtung wirkt, als stünde ein Geist neben der fotografierten Person, oder Fotos, in denen jemand seinen eigenen Kopf unter den Arm geklemmt hat, als hätte der kopflose Reiter von Sleepy Hollow Fototag. Wenn man letzteres Foto sieht, nimmt man nicht an, diese Person hätte sich zum Spaß den eigenen Kopf abgeschraubt.

Man weiß auf Anhieb, dass das anatomisch nicht ohne lebensbedrohliche Konsequenzen möglich ist. Solche bearbeiteten Bilder gab es schon immer und es wird sie immer geben. Wie kann man da nicht die Macht der Bilder in das Thema der Kommunikation einbeziehen?

Einige sprachliche Bilder zum Wiederverwenden oder als Anregung

- Die Nadel im Heuhaufen suchen

- Herumlaufen wie ein aufgescheuchtes Huhn

- „Hier sieht es aus, als hätte eine Bombe eingeschlagen."

- „Im Supermarkt herrscht die absolute Apokalypse. Die Regale sind leer."

- „Jetzt mal nicht den Teufel an die Wand."

- „Dem sind die Sicherungen durchgebrannt."

- „Ich stand da, wie vom Blitz getroffen."

- „Die war so blass wie ein Geist."

- „Wenn ich daran denke, werde ich vor Freude fast ohnmächtig!"

- „Du machst ja ein ganz schön langes Gesicht. Was ist los?"

- „Da fällt mir ein Stein vom Herzen!"

- „Bei der Vorstellung wird mir richtig übel."

- „Welpen haben so weiches Fell, es ist, als würde man mit einer Wolke kuscheln."

- „Es lief mir kalt den Rücken runter."

- „Das Blut gefror mir in den Adern."

- „Seine Wangen wurden kirschrot, als er sie sah. Es war so niedlich."

- „Es fiel mir wie Schuppen von den Augen!"

- „Sein Kommentar brachte das Fass zum Überlaufen."

- „Findest du nicht, du trägst ein bisschen zu dick auf?"

- „Ich glaube, wenn ich noch ein Stück Kuchen esse, dann explodiere ich."

- „Ich würde für einen Cheeseburger töten."

- „Läuft bei mir. Zwar rückwärts und bergab, aber läuft."

- „Ich würde nicht berühmt sein wollen. Den ganzen Tag im Rampenlicht... das würde mir irgendwann mal zu viel werden."

- „Mitglieder königlicher Familien verbringen ihr Leben in Schlössern oder in einem goldenen Käfig."

- „Da kommt er, dein Prinz in strahlender Rüstung!"

- „Du weißt ja, was man sagt: Trautes Heim, Glück allein."

- „Zugegeben: Das hat mich jetzt kalt erwischt."

- „Du, die ist mit allen Wassern gewaschen, da kannst du drauf wetten."

- „Deine Oma hat ja Ohren wie ein Luchs!"

- „Hier ist es ja wie im Paradies."

- „Das Eis schmeckt himmlisch!"

- „Ein Vögelchen hat mir gezwitschert..."

Wie du Gespräche interessanter gestalten kannst

Im Laufe des eigenen Lebens merkt man immer wieder, dass *reden* und *sagen* sich stark voneinander unterscheiden. Wenn jemand viel redet, aber wenig sagt, ist die Aufmerksamkeit der Zuhörer mit Sicherheit woanders. Um aus einem Gespräch einen Mehrwert ziehen und es vielleicht sogar als „geistreich" oder „augenöffnend" bezeichnen zu können, dürfen nicht nur die Weltansichten einer Person als unumstößliche Tatsachen hingenommen werden. Es geht um den Austausch untereinander, an dem alle Beteiligten gleichermaßen mitwirken. Ein geistreiches oder augenöffnendes Gespräch ist nur dann ein solches, wenn es zum Nachdenken anregt, wenn Argumente vorgebracht werden, die möglicherweise nicht den eigenen entsprechen, aber dennoch für das Thema relevant sind. In einem solchen Gespräch vergeht die Zeit im Flug und man fragt sich am Ende, wo sie geblieben ist. Bekanntlich vergeht sie nämlich schneller, wenn man die Zeiger nicht im Blick hat. Wie lassen sich solche Gespräche gestalten? Unter Freunden ist es einfach, denn man spricht untereinander über alles Mögliche und man fühlt sich wohl. Wie funktioniert das dann beispielsweise im Beruf? Wie funktioniert das, wenn man vielleicht nach einem gewissen Zeitraum wieder in das alte Berufsleben einsteigen möchte? Kann man nahtlos an diese Vergangenheit anknüpfen?

Schön wäre es, wenn ja. Aber auch, wenn es im Leben einmal nicht nahtlos zugeht, ist es nicht schlimm. Schließlich wächst man an Herausforderungen und wie bereits zu Anfang gesagt, solltest du nur dich selbst verbessern wollen, wenn überhaupt. Sich mit anderen zu vergleichen, bringt zu wenig, als dass man es versuchen sollte. Um sich weiter mit diesem Gedanken auseinandersetzen und Gespräche geistreich gestalten zu können, muss man sich über folgendes klar werden: Deine Worte kommen nicht gleich an, sobald du sie ausgesprochen und in die Welt gesetzt hast. Deine Absichten werden durch deine Worte nicht sofort klar, es sei denn, du und dein „Empfänger" kennt euch schon ewig und teilt euch sozusagen eine Frequenz. Kommunikation ist nicht gleich Botschaft --> Antwort, sondern kann sich in unzählige verschiedene Richtungen entwickeln, je nachdem, wie Sender und Empfänger der Botschaft zueinander stehen.

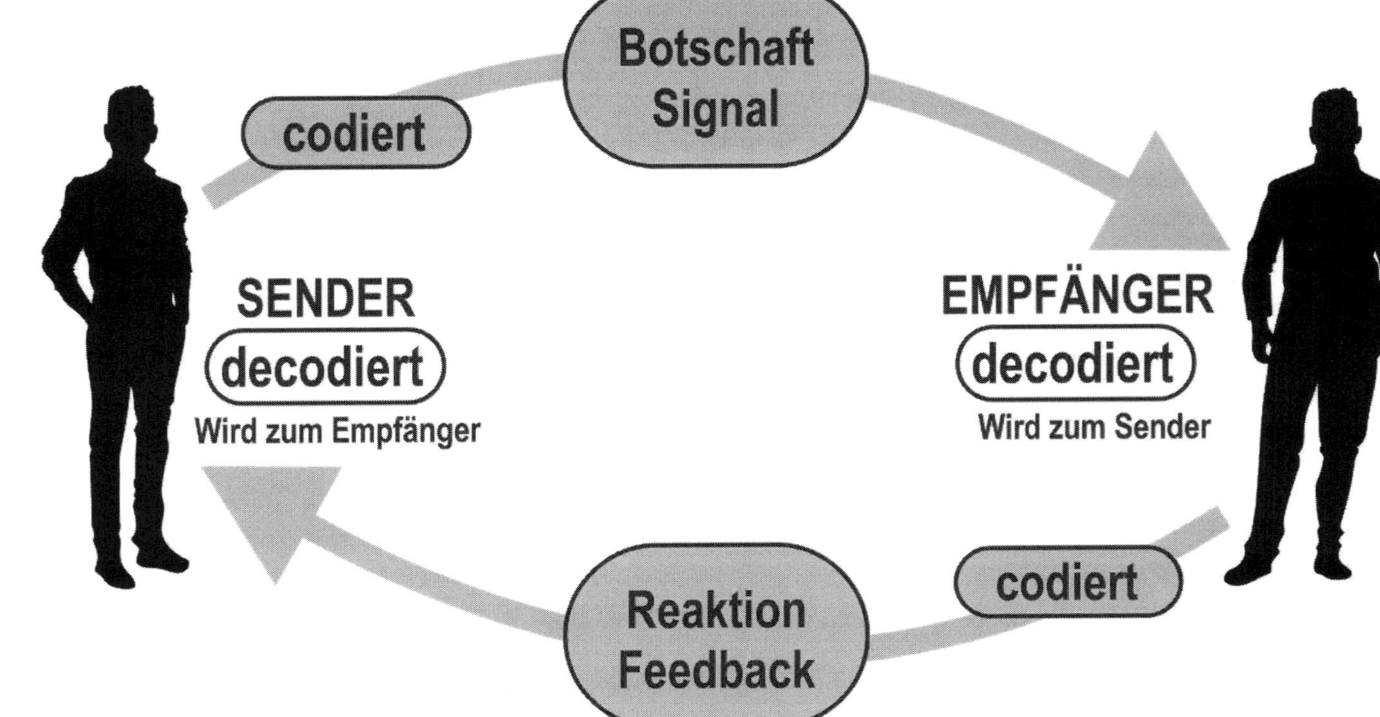
SENDER EMPFÄNGER MODELL
codiert
Botschaft
Signal
EMPFÄNGER
decodiert
Wird zum Sender
codiert
Reaktion
Feedback
SENDER
decodiert
Wird zum Empfänger

Das Thema Kommunikation ist ohne das **Sender-Empfänger-Modell** nicht weiterzudenken. Was ursprünglich als die Idee zur Optimierung der Funktionsweise eines Telefons begann und, nach den Begründern *Claude Shannon* und *Warren Weaver*, als das Shannon-Weaver-Modell bekannt wurde, wurde durch den Kommunikationswissenschaftler *Paul Watzlawick* weitergedacht. Er wird häufig mit dem Zitat „Man kann nicht *nicht* kommunizieren" in Verbindung gesetzt. Das Sender-Empfänger-Modell ist im Hinblick auf die zwischenmenschliche Kommunikation jedoch nicht einfach dasselbe:

„Gedacht ist nicht gesagt, gesagt ist nicht gehört,

gehört ist nicht verstanden, verstanden ist nicht gewollt,

gewollt ist nicht gekonnt, gekonnt und gewollt ist nicht getan

und getan ist nicht beibehalten."

(Konrad Lorenz)

Es hängt viel von der zwischenmenschlichen Beziehung der Gesprächspartner ab. Wie stehen Sie zueinander und wie wird die Botschaft des Senders, basierend auf dieser Beziehung, beim Empfänger ankommen? Hier lässt sich unter anderem durch *Schulz von Thuns* Kommunikationsmodell zwischen **der Sachebene**, **der Selbstoffenbarung**, **der Beziehungsebene** und **dem Appell** unterscheiden und möglicherweise sogar die unterschwellige Botschaft herauslesen.

DAS VIER-OHREN-MODELL

(von Friedemann Schulz von Thun)

Appell

Sachebene

BOTSCHAFT

Beziehungsebene

Selbstoffenbarung

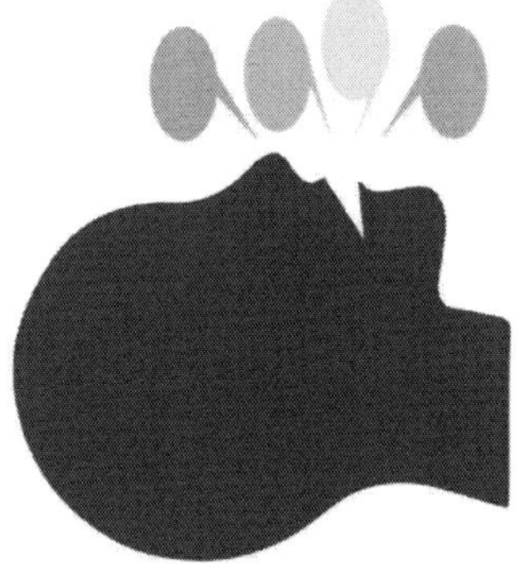

Wenn Person A einer Person B gegenüber beiläufig erwähnt, sie freue sich auf das gemeinsame Mittagessen mit den Kollegen, weil es heute Kartoffelauflauf gäbe, ist das auf der Sachebene lediglich eine informative Mitteilung. Auf der Ebene der Selbstoffenbarung hört Person B heraus, dass Person A Kartoffelauflauf sehr gern hat. Über die Beziehungsebene lässt sich durch den Zusatz „beiläufig" und den Inhalt des Gesagten vielleicht aussagen, dass die Gesprächspartner untereinander nicht so bekannt sind oder sich erst vor Kurzem kennengelernt haben. Der Appell könnte dabei sein, dass Person A langsam Hunger hat.

Für eine bessere Übersicht hier noch einmal zusammengefasst:

Person A beiläufig zu **Person B:** „Ich freue mich schon auf das Mittagessen mit den Kollegen. Heute gibt es Kartoffelauflauf!"

Sachebene: Person A freut sich auf das Mittagessen mit den Kollegen, weil es Kartoffelauflauf gibt.

Selbstoffenbarung: Person A mag Kartoffelauflauf.

Beziehungsebene: Person A und Person B kennen sich erst seit Kurzem.

Appell: Person A hat langsam Hunger.

So gesehen ist eine Aussage niemals einfach eine Aussage, es sei denn, Person B erreicht die Botschaft von Person A ebenfalls auf der Sachebene. Missverständnisse in der Kommunikation kommen nämlich genau dann vor, wenn die angesprochene Person – in diesem Fall Person B – mit einem anderen Ohr zuhört. Genau wie die 4 Ebenen gibt es nämlich auch 4 Ohren, die die Antwort von Person B beeinflussen können. Hier noch einmal dasselbe Beispiel, angewandt auf **das 4-Ohren-Modell:**

Person A beiläufig zu **Person B:** „Ich freue mich schon auf das Mittagessen mit den Kollegen. Heute gibt es Kartoffelauflauf!"

Person B: „Ich freue mich auch auf das Mittagessen. Kartoffelauflauf gab es schon länger nicht mehr."

Person B hat die Aussage von Person A auf dem **Sachohr** gehört, teilt diese Auffassung und stellt ebenso fest, dass es Kartoffelauflauf schon länger nicht mehr gab.

Auf dem **Selbstoffenbarungsohr** gehört, erreicht diese Aussage von Person B die Person A vielleicht als: Person B ist aufgefallen, dass es Kartoffelauflauf schon länger nicht mehr gab.

Das **Beziehungsohr** verrät vielleicht, dass Person A und Person B sich doch länger kennen und ihre Vorliebe für Kartoffelauflauf teilen.

Das Appellohr wiederum verrät vielleicht, dass Person B die Aussage von Person A als Appell aufgenommen hat, auf ihre beiläufige Bemerkung zu antworten.

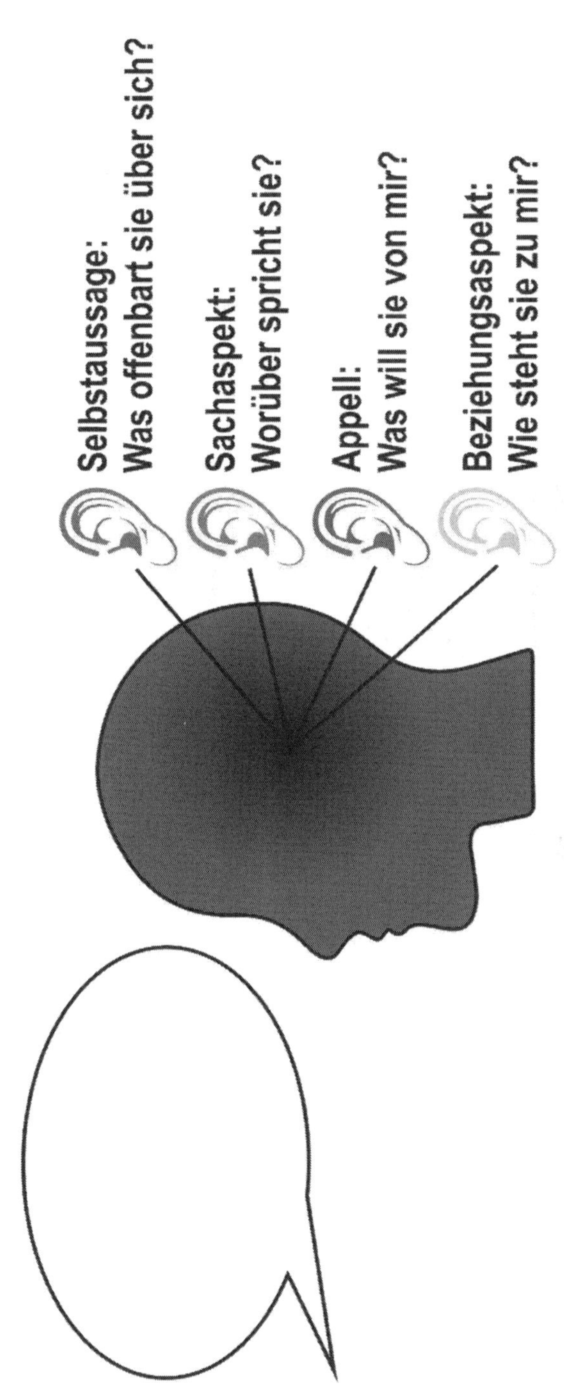
Selbstaussage:
Was offenbart sie über sich?
Sachaspekt:
Worüber spricht sie?
Appell:
Was will sie von mir?
Beziehungsaspekt:
Wie steht sie zu mir?

Ein Gespräch ist immer ein Hin und Her zwischen den Beteiligten. Es stellt sich genauso die Frage, auf welcher Ebene Beteiligter A an Beteiligten B appelliert und mit welchem Ohr Beteiligter B dem Beteiligten A zuhört. Um die Botschaft im Gesagten also entsprechend dekodieren zu können, müssen eventuelle Missverständnisse kommuniziert werden. So können Konflikte sich theoretisch gar nicht erst entwickeln, denn Konflikte wurzeln häufig in Missverständnissen, die nicht angesprochen und deshalb nicht angegangen wurden. „Wenn ich da gewesen wäre, hätte ich gesagt…" und „Hätte ich das nur gesagt, dann…" sind Phrasen, die in diesem Zusammenhang dann häufiger vorkommen.

Es ist schwer, auf Anhieb zu wissen, von welcher Ebene aus man angesprochen wird und mit welchem Ohr man diese Antwort schließlich wahrgenommen hat. Die Beziehung zwischen den Gesprächspartnern könnte entsprechend tiefer sein, wenn sowohl Ebene als auch Ohr nahtlos ineinandergreifen und ein Appell beispielsweise auch auf dem Appellohr gehört wird.

Aus diesem Grund ist es für ein tiefgreifendes Gespräch entsprechend förderlich, wenn offen angesprochen werden kann, dass man in einem Punkt übereinstimmt oder vielleicht widerspricht. Es ist allgemein unklug, Widersprüche als einen persönlichen Angriff zu werten – es sei denn, sie sind auch als Angriff formuliert. Sarkasmus oder Ironie sind fehl am Platz, wenn Konfliktlösung das Ziel ist. Dabei ist ein **Konflikt** nicht immer als etwas Negatives zu werten. Dieser definiert sich per DUDEN ONLINE als

„…durch das Aufeinanderprallen widerstreitender Auffassungen, Interessen o. Ä. entstandene schwierige Situation, die zum Zerwürfnis führen kann."

Das bedeutet, dass ein Konflikt durch eine Aussprache durchaus gelöst werden kann und nicht zwangsläufig in einem Zerwürfnis enden wird. Dagegen ist ein **Streit** etwas Persönliches. Der DUDEN ONLINE definiert ihn als

„...heftiges Sichauseinandersetzen, Zanken [mit einem persönlichen Gegner] in oft erregten Erörterungen, hitzigen Wortwechseln, oft auch in Handgreiflichkeiten."

Hierbei ist Folgendes wichtig: Auch in einem Streit kann sich ausgesprochen werden, obwohl darauf keine Aussöhnung folgen muss. Selbstverständlich ist ein Gespräch nicht immer gleich Konflikt oder Streit, aber es hängt eng mit der Wortwahl zusammen, ob sich aus einem Gespräch ein Konflikt oder ein Streit entwickelt. Gerade deshalb ist es wichtig, offen anzusprechen, wenn ein Missverständnis vorliegt. Dabei solltest du auch für dich überlegen, wie du darauf reagieren würdest: Akzeptierst du die Äußerung und erkennst diese an oder würdest du sie persönlich nehmen und als Angriff werten? Wie würdest du deinen Umgang damit selbst bewerten?

Was du hörst, muss nämlich nicht zwangsläufig das sein, was dein Gegenüber meint. Was dein Gegenüber meint, muss nicht in genau den passenden Worten ausgedrückt worden sein. Deshalb ist der Kontext wichtig, die Umgebung, in der ihr beiden diese Unterhaltung führt.

Wie lange kennt ihr euch? Was hat zu dieser Unterhaltung geführt und was ist das Ziel? Hat diese Unterhaltung ein Ziel oder „quatscht" ihr nur, um der angespannten Stille zu entgehen?

All diese Fragen unterstreichen die Wichtigkeit der Mimik im direkten Gespräch. Bei Textnachrichten wird die Mimik durch Emojis und Zeichensetzung ersetzt. Das wiederum fällt weg, wenn eine Person überhaupt keine Emojis oder Satzzeichen in privaten Direktnachrichten benutzt. Bei einem Telefongespräch hat man wenigstens die Stimme als eine Art „Guide", um die Situation einzuschätzen. Du siehst: Ein Gespräch hat so viele verschiedene Nuancen, dass es genauso viele Optionen gibt, es interessant zu gestalten.

Tipps für interessante Gespräche

- **Macht es euch bequem:** Schafft eine möglichst entspannte Atmosphäre, um den Einstieg in ein Gespräch zu erleichtern

- So sehr die meisten Menschen **Small Talk** hassen, weil er so nichtssagend scheint: Er erleichtert den Einstieg in ein Gespräch genauso. Du fällst schließlich selten mit der Tür ins Haus. Dein Gesprächspartner würde sich dir gegenüber auch sofort verschließen, wenn du ihn so praktisch ins kalte Wasser schmeißt.

Und seien wir ehrlich: Du würdest genauso reagieren, wenn jemand nicht mit „Wie geht es dir, wie war dein Tag?", sondern mit „Weißt du noch, die Theateraufführung in der 5. Klasse? Du warst ein Baum, ich war das Reh!" oder etwas Ähnlichem und für dich wenig Nachvollziehbarem anfängt.

Wie kam die Person denn jetzt ausgerechnet darauf?

- **Mach ein Kompliment.** Gefällt dir, was die Person anhat? Wie sie heute aussieht? Welches Parfum sie trägt? Sprich das an! Nicht nur öffnet sich dir die Person bereitwilliger, sondern du hast auch einen anderen Menschen glücklich gemacht.

- **Welche Themen sind tabu?** (Es ist Politik und du weißt es.) Sobald sich die Gelegenheit ergibt, erwähne es beiläufig: Etwa, dass der Tag zu schön ist, um sich über die gegenwärtige politische Situation zu unterhalten.

- **Welche Themen sind angemessen?** Das neueste Lieblingsbuch? Der aktuelle Film im Kino? Die Arbeit? Welche Grenzen kannst du von vornherein setzen? Was ist der Grund für das Treffen?

- **Bitte die Person um einen kleinen Gefallen**. Selbst, wenn du nur nach einem Stift fragst. Es muss kein großes Ding sein, denn auch über einen Stift kann man sich echt lange unterhalten. Beispiel: „Der schreibt echt gut, woher ist der?" Gute Stifte werden sehr hoch geschätzt.

- Gespräche sind eine Art **Schneeball-System**. Sobald du eines ins Rollen gebracht hast, unterhält man sich über dies und jenes. Aber welche Frage wolltest du einer Person schon immer mal stellen?

- **Das Alter-Ego:** Wenn du dir einen anderen Namen geben könntest, wie würdest du heißen? Inwieweit unterscheidet sich dieses Alter-Ego von deiner eigentlichen Persönlichkeit? Wie heißt das Alter-Ego deines Gegenübers?

Jetzt folgen weitere Fragen für interessante Gespräche

- Was ist deiner Meinung nach eine „gute Frage?" Also nicht die, die man in einem Gespräch stellen könnte, sondern eher die, auf die du mit „... Joa... Gute Frage..." antwortest. Kann dein Gesprächspartner sie dir beantworten? Und warum ist dir ausgerechnet diese Person für diese Frage eingefallen?

- Dieses Spiel ist ein bisschen gemein, aber: Was glaubt ihr, wie berühmte Personen von heute so drauf wären, wären sie nicht reich? Würdet ihr euch mit diesen Personen anfreunden wollen, und wenn ja, warum? Und nein, sie werden in Zukunft nicht stinkreich werden. Sie werden einfach nur die sein, die sie sind. Ohne Geld.

- Warum ist die Banane krumm? Was kam zuerst: Die Henne oder das Ei? Das sind zwar sehr merkwürdige Fragen für ein Gespräch, weil sie fast philosophisch anmuten, aber... Willst du nicht die Antwort darauf wissen?

- Beschreibe den Charakter deines Gesprächspartners in einem Emoji.

- Worüber würdest du debattieren, wenn du könntest?

- An welche Schulstunde erinnerst du dich merkwürdigerweise noch am besten? Und wieso?

- Was glaubt ihr, würde Leonardo da Vinci heute bauen wollen, wenn er könnte?

- Wenn dein Lieblingskuscheltier sprechen könnte, was würde es über dich erzählen?

- Wie war der schönste Tag in deinem Leben bis jetzt? Oder kommt er noch?

- Wenn du einen Vergnügungspark eröffnen würdest, welche Fahrgeschäfte gäbe es da?

- Wie gesund wäre Zeitreisen für die Menschen heute? Oder umgekehrt: Für die Menschen der Vergangenheit?

- Wenn du bei einem Pub-Quiz mitmachen würdest, wer wäre Teil deines Teams? Egal, ob diese Person lebendig ist oder schon tot.

- Family Feud: Wer von euch würde gewinnen und wieso?

- Serien der 90er: Warum ist *die Nanny* besser als *Friends?* (Das steht nicht zur Debatte. Es ist eine Tatsache.)

- Wenn man eine Netflix-Doku über dich drehen würde... Wie würde sie heißen und wie wahrheitsgemäß wäre sie?

- Wer von euch würde am ehesten in die Politik gehen? Und warum?

- Wenn ihr eine Gang wärt... Wer übernimmt welche Rolle?

- Welcher Film beschreibt euer Leben am besten?

- In Anlehnung an den Film *Loving Vincent:* Welcher Künstler würde euer Leben malen?

- Wieso passt der Stil dieses Künstlers zu eurem Leben?

- Welcher Filmemacher sollte bei eurem Bio-Pic Regie führen?

- Welcher Schauspieler / Welche Schauspielerin soll dich spielen?

- Wer unter euch ist ein Anwalt, wer der Mandant und wer der Staatsanwalt? Wer ist der Richter?

- Welches Schwert ist stärker: Excalibur oder das Schwert des Damokles?

- Wer würde in einem Kampf gewinnen: Robin Hood oder Hawkeye?

- In welchem Zeichentrick-/Animationsfilm sieht das Essen am leckersten aus?

- Wieso ist der Himmel blau?

- Glaubst du an Wunder? Gibt es so etwas wie Wunder überhaupt ohne Wissenschaft?

- Welchem Hollywoodschauspieler / Welcher Hollywoodschauspielerin würdest du deine Stimme in einer deutschen Fassung des Films leihen?

- Was denkst du, macht Angela Merkel in ihrer Freizeit?

- Wenn du ein Buch schreiben würdest, in welches Genre würdest du es einordnen und warum?

- Glaubst du, Winnie Puuh wäre stolz auf dich?

- Was würdest du zu dir selbst sagen, wenn du dich auf der Straße treffen würdest? Egal, in welchem Alter.

- Und jetzt die 1.000.000 € Frage: Warum haben Katzen neun Leben, Hunde aber nur eines?

Dein wichtigstes Instrument: Die Stimme

Um die verbale Kommunikation zu deinem Vorteil nutzen zu können, darfst du außerdem deine Stimme nicht außer Acht lassen. Wie wichtig die Stimme ist, erkennst du anhand von Dingen wie Hörbüchern oder Vorträgen und Gesangsdarbietungen. Auch Stand-up-Comedy zählt dazu. Du bist eher einer angenehmen Stimme zugeneigt und leihst ihr dein Ohr. Die Melodie einer Stimme, die Pausen, die Höhen und Tiefen, das Flüstern und Summen verleihen dem gesprochenen Wort sozusagen mehr Tiefgang, als wenn du das Wort bloß liest. Wie Sänger ihre Stimme mit Atemtechniken und Tonleitern trainieren, so kannst auch du mehr aus deiner Stimme herausholen, wenn du sie entsprechend trainierst.

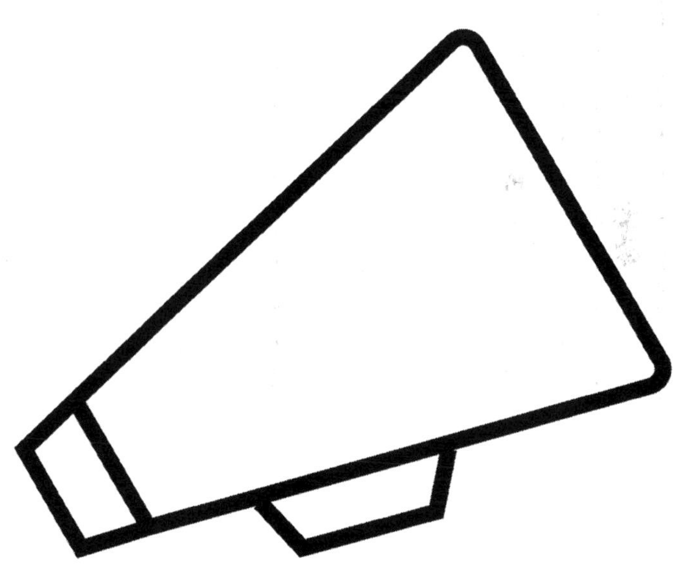

Vorbereitung: Haltung und Lockerung

Um das Potenzial deiner Stimme ausschöpfen zu können, solltest du eine selbstbewusste Haltung einnehmen. Denn wenn man eine selbstbewusstere Haltung einnimmt, wirkt sich das gleichzeitig auf die Stimme aus und du klingst auch selbstbewusster. In ihrem TedTalk *Your Body Language May Shape Who You are* (TED, 2012) spricht Sozialpsychologin Amy Cuddy von sogenannten „Power-Posen" und wie sie mit Superhelden assoziiert werden. Mit diesen Power-Posen findest du eine ganze Bandbreite an Haltungen, die du für den Anfang vor dem Spiegel üben kannst.

Schau dir zum Beispiel die Haltung von Lynda Carters *Wonder Woman* oder Henry Cavills *Superman* an. Tom Hiddlestons *Loki* schafft es, dass sich die Besucher der San Diego ComicCon 2013 praktisch die Lungen aus dem Hals schreien, bloß weil sie seine Stimme im Dunkeln hören. Seine Haltung auf der Bühne (nachdem die Lichter wieder angehen) ist nicht nur seinem Charakter des MARVEL-Antihelden entsprechend, sondern beweist einschlägig, wie Stimme und Haltung zusammenspielen. Seine Wirkung auf die Menge ist sogar so gewaltig, dass sie verstummt, sobald der Schauspieler in seiner Rolle den Finger an die Lippen legt. Deine Körperhaltung hat durchaus mit deiner Stimme zu tun. Du klingst selbstbewusster, wenn du auch genauso stehst. Deine Ausstrahlung, basierend auf deiner Körperhaltung, wird im Punkt *Wie wirke ich?* aber noch ausführlicher besprochen.

Für diese Übung musst du nicht ewig in einer Power-Pose verharren. Stelle dich 2 Minuten in einer Pose deiner Wahl vor den Spiegel und halte sie. Lynda Carters Wonder Woman ist für dieses Beispiel am einfachsten zu bewerkstelligen: Stelle dich aufrecht hin. Die Beine stehen fest auf dem Boden und etwa hüftbreit. Du drückst die Schultern durch und hebst das Kinn. Dann stemmst du die Hände in die Hüften. Tadaa – Wonder Woman! Halte dabei Blickkontakt mit deinem Spiegelbild. Das hilft dabei, diesen auch mit einem anderen Gesprächspartner zu halten. Wichtig dabei ist, dass du das Bild auf dich wirken lässt. Gehe darauf ein und mache dir keine Gedanken darüber, wie das jetzt aussehen könnte, wenn dich jemand sähe. Du kannst dein Spiegelbild auch anlächeln. Das wirkt bei Nervosität genauso Wunder. Mache dich selbst nicht kleiner, als du bist – verlagere dein Gewicht gleichmäßig auf beide Beine und verschränke deine Arme nicht vor der Brust. Du musst deinen Lungen genügend Raum geben, um beim Sprechen Luft holen zu können, und das funktioniert bei verschränkten Armen nicht. Deine Schultern sind locker und deine Arme genauso. Gut, das sind jetzt Informationen, die nachvollziehbar sind. Klar muss man locker bleiben und eine entspannte Haltung einnehmen, aber welche Übungen helfen dabei am besten?

Die Marionette.

Neben den Power-Posen gibt es eine Reihe von Lockerungsübungen, die deinem Körper dabei helfen, unterschwellige Anspannung loszuwerden. Sie sind ganz einfach und bedürfen lediglich deines Körpers, also sind keine zusätzlichen Geräte notwendig. Eine dieser Übungen besteht darin, deine Schultern hochzuziehen. Ziehe sie bis an deine Ohren an und halte sie für etwa 5 Sekunden oben. Zähle dabei langsam bis fünf. Lasse dir dabei ruhig Zeit. Dann kannst du deine Schultern fallen lassen wie eine heiße Kartoffel. Okay, also nicht zu heftig, denn diese Übung soll dich entspannen und nicht dafür sorgen, dass du dir womöglich etwas zerrst. Stell dir vor, wie Fäden deine Schultern in die Höhe ziehen und sie dort halten. Nach 5 langen Sekunden kappt jemand die Fäden und deine Schultern fallen. Mache diese Übung mindestens 3-mal, bevor du dich der nächsten widmest.

Wo ist dein Schlüssel?

Diese Übung ist auch als *Ausklopfen* oder *Aufwecken* bekannt, aber sie erinnert durchaus an die Geste, die du machst, wenn du deinen Schlüssel oder dein Handy suchst. Auch hier fängst du bei deinen Schultern an und klopfst mit deinen Händen leicht darauf. Die Handinnenfläche deiner rechten Hand wandert danach deinen linken Arm hinab, weiterhin in sanften, klopfenden Bewegungen. Auch die innere Seite deines Arms und deine Achseln darfst du dabei nicht vergessen. Dasselbe machst du dann mit deiner linken Hand und deinem rechten Arm (Muss ja alles gerecht verteilt sein, nicht?). Sobald deine beiden Hände wieder gemeinsam einsatzfähig sind, klopfst du dir über den Oberkörper, bis du bei deinen Beinen angekommen bist und auch diese vorne und hinten abklopfst – ungefähr so, wie die Sicherheitsleute am Flughafen es machen, bevor sie dich darum bitten, die Schuhe doch noch auszuziehen. Das musst du für diese Übung nicht tun, es sei denn, du würdest auch gern deine Füße ausschütteln. Zum Schluss schüttelst du deine Hände und Füße aus. Stell dir vor, dein Schlüssel könnte aus den Ärmeln oder aus den Hosenbeinen doch noch seinen Weg ans Tageslicht finden. Wenn du die Übung abgeschlossen hast, wiederholst du die Abläufe noch einmal und gehst danach zum *Korken* über.

Der Korken.

Jetzt geht es dir an den Kragen, besser gesagt: an den Kiefer. Wenn du gerade keinen Korken zur Hand haben solltest, ist dein Daumen für diese Übung genauso gut. Öffne deinen Mund leicht und lege deinen Daumen zwischen deine Kiefer. Beiße nicht darauf, bleib so entspannt, wie es geht. Mit deinem Daumen im Mund stellst du dich jetzt vor. Du sagst so deutlich wie möglich deinen Namen und begrüßt unsichtbare Zuhörer. Heiße sie freundlich zu deiner Präsentation / deinem Vortrag willkommen. Was bemerkst du? Oder besser gefragt: Wie fest beißt du dir beim Sprechen auf den Daumen? Da sagt mal einer, du brauchst solche Entspannungsübungen vor einem Vortrag nicht. Vergleiche deine Stimme und deinen Ausdruck anschließend einmal ohne Daumen im Mund. Merkst du etwas?

Die Gesichtsmassage.

Auch diese Übung entspannt die Muskeln in deinem Kiefer und in deinem Gesicht. Es ist eine Folge mehrerer Berührungen und Griffe, die auf die Faszien abzielt. Du kannst damit beginnen, deinen Mund wieder leicht zu öffnen. Danach fasst du mit den Fingern an deine beiden Ohrläppchen und ziehst sie leicht nach unten. Gerade genug, dass du einen leichten Zug spürst, dieser dir aber nicht wehtut. Lass das einen Moment wirken und wiederhole diesen Griff noch einmal. Anschließend fasst du dir an die Ohrmuscheln und ziehst die Ohren behutsam ein kleines Stück von deinem Kopf weg. Dein Mund ist dabei immer noch leicht geöffnet und dein Griff ist nicht zu fest. Sagen wir, du zählst auch hier langsam bis 5 und lässt deine Ohrmuscheln dann los. Wiederhole diese Übung danach noch einmal. Der nächste Schritt widmet sich nämlich deinen Wangen. Du öffnest wieder leicht deinen Mund und fasst dir dann mit Zeigefinger und Daumen an die Wangen, bevor du leicht an der Haut ziehst. Es sind aufeinanderfolgende und kurze Bewegungen, wie als würdest du dir selbst in die Wangen kneifen, die den Kiefermuskel auflockern. Du wanderst Stück für Stück höher und vergisst dabei die Stelle unter deinen Ohrläppchen nicht, dort, wo Ober- und Unterkiefer zusammenkommen. Auch an deinen Wangenknochen kneifst du von deinen Nasenflügeln an einen Weg nach außen hin. Wiederhole das noch einmal und gehe dann zum letzten Teil über.

Hierfür massierst du dir mit den Fingern den kleinen Weg von der Nasenwurzel über die Stelle zwischen den Augenbrauen bis hin zur Mitte der Stirn. Eine leichte Bewegung, die du mehrmals wiederholst. Dann nimmst du die Finger deiner anderen Hand und „ziehst" dagegen, also die Nasenwurzel hinab über den Nasenrücken. Deine beiden Hände sind jetzt also damit beschäftigt, „Tauziehen Light" mit der empfindsamen Haut zwischen deinen Augenbrauen und deiner Stirn zu spielen. Wiederhole diese Berührung, bis die Entspannung langsam spürbar wird. Obwohl diese Griffe und Massagen bei einem verspannten Kiefermuskel eingesetzt werden und gegen Knirschen der Zähne helfen, kann es nicht schaden, sie auch für einen entspannten Gesichtsausdruck einzusetzen.

Schaffe einen überzeugenden Eindruck durch den richtigen Ausdruck

Nachdem du dich um dein Gesicht gekümmert hast, geht es jetzt an deine Stimme. Um deine Stimme bestmöglich auf einen längeren Einsatz vorzubereiten, solltest du deinen Kehlkopf feucht halten. Das heißt: Wenn möglich, nur stilles Wasser trinken, denn dann minimierst du die Wahrscheinlichkeit, beim Sprechen aufstoßen zu müssen. Für die Koffein-Enthusiasten bedeutet das aber auch, bis nach dem Vortrag auf ein koffeinhaltiges Getränk zu verzichten. Koffein entzieht dem Kehlkopf die nötige Feuchtigkeit und verklebt ihn sozusagen. Du musst dann häufiger schlucken oder dich räuspern. Regelmäßige Atemzüge in den Bauch – die Luft bleibt nicht in den Lungen, sondern dein Bauch weitet sich merklich mit dem Zwerchfell – beruhigen nicht nur, sondern bereiten deine Lungen auf höhere Kapazitäten vor. So schnappst du beim Sprechen nicht nach Luft und kannst in den kurzen Pausen zwischendurch durch die Nase einatmen. Nach der entsprechenden Vorbereitung kannst du deine Stimme nun mit allerlei Schabernack aufwärmen.

Summ und Brumm.

Das ist ein leichter Einstieg und eine Übung, die du immer wieder zwischendurch machen kannst, am besten in Vorbereitung und dann noch einmal vor Beginn deines Einsatzes. Summe dein Lieblingslied oder die Tonleiter oder was auch immer dir Freude bereitet. Summen, nicht singen. Auf dem Weg zur Arbeit, beim Frühstück, beim Tee trinken. Summen ist flexibel einsetzbar. Für die tiefen Töne kannst du beispielsweise brummen. Gegebenenfalls kannst du diese Übung als Ohrwurm tarnen. Ohrwürmer sind nachvollziehbar, jeder kriegt sie immer mal wieder – selbst, wenn es aus irgendeinem Grund das Intro zu Biene Maja sein sollte, bloß, weil du summst.

Schmeckt's?
Laute wie „Mjam!" oder „Yummy!" drücken nicht nur aus, dass etwas gut schmeckt – sie eignen sich auch gut zum Aufwärmen, wenn du nach dem Summen ein wenig Abwechslung brauchst.

Schnauben wie ein Pferd.
Richtig gehört: Zu schnauben wie ein Pferd klingt nicht nur lustig, sondern lockert auch die Stimme und die Lippen. Dabei die Stimme nicht vergessen und nicht bloß die Lippen vibrieren lassen.

Zischlaute.
Die Buchstaben P, T, K, F sowie die Laute TZ und SCH kurz aufeinander folgen lassen, hält das Zwerchfell flexibel, weil du währenddessen schnelle Atemzüge einbaust.

Monatsnamen.
Indem du die Namen der Monate aussprichst, als würdest du eine Kerze auf einer Geburtstagstorte auspusten, übst du die Zwerchfellfederung weiter.

Pfeifen!
Wie ein nichtsahnender Cartoon-Charakter, weil das Wetter schön ist. Dabei immer mit einem tiefen Ton enden.

Magische Worte.
Stimmhafte Wörter wie „Mandelmus" oder „Honigmilch" kannst du aufsagen, nachdem du dich genug aufgewärmt hast.

Liste stimmhafter Wörter und Sätze zum Nachsprechen

- Kuchengabel
- Musikantenknochen
- Honigmelone
- Arachnophobie
- Markttag
- Konzentration

Zungenbrecher wie „Fischers Fritz" mehrmals wiederholen

Den helfenden Engeln entgegen;
Wenn Schmerzen es brennend verzehren!

Barbara saß nah am Abhang,
Mannhaft kam alsdann am Waldrand

Entdeckend des Herzens Wehe,
Spitzfindig ist die Liebe!

Sie nimmt nicht immer blindlings;

Sprach gar sangbar – zaghaft langsam;
Wirkt sie mit Witz nicht minder.
Oh Sonne, thronst so wolkenlos!

Schon flog der Vogel hoch empor.
Wohl knospen Rosen schon, wo Moos.

Diese Übungen sollten bestenfalls nicht nur einmal gemacht werden, sondern immer mal wieder und zwischendurch. So bist du immer gut vorbereitet. Eine andere Übung wäre, seinen Vortrag / seine Rede zu klassischer Musik zu trainieren. Nicht, weil die Musik entspannen soll, sondern weil das Ohr sich an den Rhythmus gewöhnt und du danach besser einschätzen kannst, wann du eine Pause machst oder wann dein Vortrag / deine Rede den „Höhepunkt" erreicht. Das Gute an klassischer Musik ist, dass viele Stücke verschiedene Sätze, also Teile, haben und du die kürzeren Teile zum Beispiel zur Übung für Kurzvorträge nutzen kannst. Wähle ein ruhigeres und langsames Stück, damit du mit dem Sprechen auch noch hinterherkommst. Dir zuzuhören sollte so angenehm wie möglich sein. Und das Sprechen sollte genauso angenehm für dich sein.

Bevor du beginnst, stelle sicher, dass du das Musikstück ein- oder zweimal und ohne Sprechen gehört hast. Passt es zu dir? Kannst du dir vorstellen, dazu zu üben? Eignet es sich gut dafür? Wenn du das entsprechende Stück gefunden hast, kümmere dich um den Inhalt, den du präsentieren möchtest. Zerlege ihn in passende „Häppchen" und organisiere diese so, dass sie in den Rhythmus des Stücks hineinpassen. Markiere dir dabei auch die Pausen – sowohl Sprech- als auch Atempausen – und beziehe sie in dein Zeitfenster mit ein. Niemand hat Lungen wie ein Pottwal oder eine unbegrenzte Aufmerksamkeitsspanne. Deswegen kannst du diese Pausen ruhig einberechnen. Visualisiere dir deinen Inhalt so, wie es dir am besten passt. Schreibe dir den Vortrag noch einmal runter oder setze ihn zusammen wie einen klischeehaften Drohbrief aus Zeitungspapierschnipseln.

Wie gesagt: Es ist egal, wie, Hauptsache, du visualisierst. Nicht nur hilft dir das, den Inhalt zu verinnerlichen – es hilft dir auch dabei, dich mit dem Inhalt auf eine kreative Art und Weise zu befassen. Die Vorbereitung soll schließlich Spaß machen. Wenn du selbst Spaß an der Vorbereitung deines Inhaltes hast, wird sich dieser auch auf deinen eigentlichen Vortrag übertragen. Das funktioniert übrigens nicht auf letzter Minute. Du musst dir für diese Übung genug Zeit nehmen, damit sie auch ihre Wirkung entfalten kann, damit du beim Gedanken an die Rede / den

Vortrag nicht nervös wirst und dein Magen sich nicht zusammenzieht. Sich zeitnah mit Inhalten auseinanderzusetzen, ist deswegen nur von Vorteil – für dich und für deine Zuhörer.

Männlein und Weiblein: Der Ton macht die Musik

Bei all dem Gerede über die Stimme und wie man sie trainiert, kommt man nicht umhin, an die eigenen Vorstellungen zu denken – die eigenen Vorstellungen davon, wie ein Mann klingt und wie eine Frau klingt, warum eine selbstbewusste Haltung und ein fordernder Ton bei einer Frau nicht als genauso dominant gilt, wie bei einem Mann. Wie bereits zuvor erwähnt, gibt es einige – wenn auch veraltete – Rollen unter den Geschlechtern, die sich bis heute hartnäckig halten. Diese Stereotypen hat die Barbie Liberation Organization (kurz B.L.O.) gewissermaßen attackiert, indem sie kurz vor Weihnachten 1993 die Stimmen des Action Man und der Teen-Talk-Barbie vertauscht hat.

Die Jungen, die am Weihnachtsmorgen also ihre Action-Figur ausgepackt haben, bekamen von dem muskelbepackten Söldner statt militärischer Strategien und Befehle also seine Vorfreude über eine Traumhochzeit zu hören – und zwar mit der hohen Stimme der berühmtesten Puppe, die es gibt: Barbara Millicent „Barbie" Roberts. Andersherum brüllten Barbies – jetzt weitaus tiefere und kratzigere Stimme – den Mädchen am Weihnachtsmorgen zu, der Bösewicht Cobra solle gefälligst Blei fressen und dass die Rache ihre sei.

Bis heute ist diese Aktion umstritten – nicht nur, weil die Kinder nichts für die Wahrnehmung der Geschlechterrollen in der Gesellschaft können und konnten und diese Überraschung am Weihnachtsmorgen sie gewissermaßen ins kalte Wasser geworfen hat, sondern auch, weil diese Tauschaktion die Frage aufgeworfen hat, inwiefern bestimmte Assoziationen mit der Stimme und mit dem Geschlecht erlernt werden oder schon vorhanden sind. Sowohl Action Mans als auch Barbies Stimme entsprachen mit diesem Tausch nicht mehr gewissen, vielleicht vorgefertigten Erwartungen der Eltern. Dass Barbies männliche Stimme und Action Mans weibliche Stimme auch einen Blick in Richtung Transsexualität boten und sozusagen einen Wink mit dem Zaunpfahl für die Marketing-Branche darstellten, da Spielsachen für Jungen und Spielsachen für Mädchen auf eine bestimmte Art beworben werden, ist ein weiteres Argument der B.L.O.

Ob wir es nun wollen oder nicht: Wir gehen mit bestimmten Erwartungen und Eindrücken durch das Leben, die im Beruf aber festgefahrener sind als irgendwo sonst. Diese Hürde zu nehmen, ist für BIPOC (Black, Indigineous, People of Color = Schwarze, Indigene, Farbige Menschen) jedoch noch schwerer als für weiße, europäisch-aussehende Personen. Wenn man sich in einer Position befindet, in der man diese vorgefertigten Erwartungen hinterfragen kann, mit dem Ziel, BIPOC zu unterstützen, sollte man das tun. Aber bevor man an diesem Punkt ankommt, muss jeder kleiner anfangen.

Deswegen halte demnächst die Augen und Ohren offen und frage dich selbst: Worauf basiert mein Eindruck von dieser Frau oder diesem Mann? Ist es das Aussehen beziehungsweise das Geschlecht? Und wirkt der Mann kompetenter auf mich, basierend auf seiner Herangehensweise und der Kompetenz in seiner Stimme? Oder gehe ich direkt von Kompetenz aus, weil er ein Mann ist? Das Gleiche, nur andersherum: Will ich eine zweite Meinung eines anderen Kollegen, weil vor mir eine Frau sitzt? Was bedeutet Kompetenz für dich und wie sieht eine kompetente Person aus beziehungsweise wie klingt sie?

Die Stimme ist unumstritten individuell. Sie trägt individuelle Emotionen in die Welt hinaus und gibt Mitmenschen die Möglichkeit, die Gefühlslage des anderen zu deuten: Trauer, Freude, Wut, Gelassenheit. Basierend auf der Situation verändert sich die Stimme: Menschen haben eine Telefon-Stimme, wenn sie Termine vereinbaren, aber sie reden anders, wenn sie mit den Großeltern telefonieren. Warum ist es aber so, dass die Entscheidungen von Männern im Beruf seltener hinterfragt werden als die von Frauen? Warum scheinen Kompetenz und Erfahrung männlich zu sein?

Am Beispiel Gehaltsverhandlung stellt sich die Frage auch: Verlangt eine Frau zu viel, wenn sie basierend auf ihrer Kompetenz genauso viel Gehalt verlangt wie ein Mann in derselben Position? Das Argument der Arbeitgeber scheint hier der potenzielle Mutterschutz beziehungsweise die Familienplanung der Frau zu sein. Aber wenn ein Mann nach der Geburt seines Kindes mehr arbeiten will, um seine Familie zu versorgen, steht man dem positiv gegenüber.

Was, wenn ein Mann länger in Elternzeit bleiben will? Was, wenn die Frau alleinerziehend ist und auch ihre Familie gut versorgen will? Dafür bräuchte sie genauso viel Gehalt wie ihr männliches Gegenstück. Selbstverständlich hängt all das nicht *nur* von der Stimme ab, sie ist jedoch ein tragender Faktor in der Kommunikation. Und es gibt nun mal bestimmte Dinge, die wir mit bestimmten Stimmen assoziieren. Das merkst du allein schon bei der Frage nach Morgan Freemans deutscher Synchronstimme. Ruft sie dir nicht die eine Stimme in den Kopf? Die Stimme des Schauspielers als GOTT in *Bruce Allmächtig (2005)*? Du kennst die Verwirrung, die dich heimsucht, sobald eine bestimmte Synchronstimme nur ein klein wenig anders klingt als in deiner Erinnerung.

Bestimmte Assoziationen umzukrempeln, ist schwer und erfordert Geduld. Man merkt im Laufe seines Alltags nicht einmal, worauf man sich unterbewusst so alles verlässt, vor allem, weil bestimmte Dinge einfach aus evolutionären Gründen im Inneren verankert sind. Aber die Stimme teilt uns so viel mit, dass das Sprichwort durchaus zutrifft: Der Ton macht die Musik.

DIE 2. SÄULE: NONVERBALE KOMMUNIKATION

Wie wirke ich?

Als nonverbale Kommunikation bezeichnet man häufig die Körpersprache. Denn auch, wenn du gerade nichts sagst, sprechen deine Gesten, deine Haltung und deine Mimik für dich. Selbst die Art und Weise, wie du dich einrichtest, sagt einiges über dich aus. Nonverbale Kommunikation ist also alles, was du nicht mit Worten und deiner Stimme ausdrückst. Wie du deine Hände hältst oder ob du mit dem Fuß unter dem Tisch wippst – so etwas eben. Das gängige Beispiel für nonverbale Kommunikation ist der Händedruck zu Beginn eines Vorstellungsgespräches. Ein fester Händedruck mit freundlichem Blick signalisiert demnach Kompetenz und Selbstbewusstsein. Ein lascher Händedruck vermittelt das Gegenteil. So ist der erste Eindruck gleich entstanden und danach kommt es darauf an, wie man sich im Gespräch macht, nicht? Wie man die Fragen beantwortet und was man für die Firma als Angestellter tun kann und warum man eingestellt werden sollte. Dabei auf die Körpersprache zu achten, scheint eine schwierige Aufgabe zu sein, schließlich kann man da wenig beeinflussen, weil sie eher als unterbewusster Ausdruck gesehen wird. Trotzdem gibt es einige Punkte, auf die du achten kannst, um mehr Selbstbewusstsein zu suggerieren.

Der Blickkontakt.

Die Augen gelten nicht umsonst als das Fenster zur Seele. Sie verraten dir von der ersten Sekunde an, ob du dich in Gegenwart dieser Person wohlfühlst oder nicht. Um bei dem Szenario des Vorstellungsgespräches zu bleiben: Blickkontakt während des Gespräches zu halten zeigt, dass du die Person ernst nimmst und ihr zuhörst. Er drückt auch aus, dass du das Selbstbewusstsein hast, einem Blick gegebenenfalls standzuhalten, dass du also nicht davor zurückschreckst, Verantwortung zu übernehmen und dafür einzustehen. Du signalisierst allein durch Blickkontakt, dass dir in diesen Dingen vertraut werden kann.

Übung

Da man solche Szenarien wie ein Vorstellungsgespräch schlecht allein üben kann, um eine solide Rückmeldung zu bekommen (eine, mit der du dann auch arbeiten und dich eventuell verbessern kannst), solltest du für diese Übung eine Person deines Vertrauens hinzuziehen. Wenn sich diese Person mit Vorstellungsgesprächen auskennt und dir da behilflich sein kann – noch besser.

Hier ist es wichtig, dass du dir nicht zu viele Gedanken über die Tipps machst, die du im Internet gelesen hast. Wieso? Weil der Arbeitgeber dich als Arbeitnehmer braucht. Natürlich willst du einen guten Eindruck machen und dich als kompetent beweisen, aber: Der Arbeitgeber hat die Stelle ausgeschrieben und braucht Neuzugang. Weiter im Text: Du und die Person deines Vertrauens spielt das Vorstellungsgespräch einmal durch und filmt das Ganze. Bereite dieses Gespräch auch wie ein echtes vor: Anzug oder Kostüm, passende Schuhe etc. – der Gesamteindruck zählt auch hier. Ihr spielt das Vorstellungsgespräch also durch und schaut euch die Aufnahme dann gemeinsam an. Vor Nervosität vergisst man nämlich, worauf man alles nicht achtet. Schaut euch die Aufnahme abwechselnd mit der Linse ‚Körpersprache' und der Linse ‚Stimme' an. Was fällt auf und worauf würdest du beim zweiten Durchgang noch einmal achten?

⚠ **Achtung:** Du musst das Vorstellungsgespräch nicht durchspielen, bis du es auswendig kannst. Hierbei geht es darum, dich deiner Wirkung bewusst zu werden und auch zu wissen, wie du auf Fragen reagierst, die dich eventuell kalt erwischen könnten.

Dein Gesichtsausdruck (oder auch deine **Mimik**) verrät deinem Gegenüber einiges darüber, was du von dem Gesagten hältst: Ob du zum Beispiel die Augenbrauen zusammenziehst, während er spricht, oder ob du währenddessen auf der Unterlippe kaust oder die Lippen aufeinanderpresst, bevor du eine Antwort gibst. Das sind alles Indikatoren für Nervosität oder Verwirrung. Obwohl man tatsächlich wenig gegen sogenannte Mikro-Ausdrücke – wie beispielsweise ein kurzes Hochziehen der Augenbrauen, bevor sich der Gesichtsausdruck wieder glättet – tun kann, kannst du deinen Gesichtsausdruck genauso vor dem Spiegel üben wie deine Körperhaltung.

Übung

Höre dir zum Beispiel Debatten oder Reden an und achte währenddessen auf deinen Ausdruck (zum Beispiel, indem du währenddessen in einen Spiegel schaust). Beziehe in diese Übung dabei nicht nur die Reden ein, die du interessant findest. Höre dir auch die an, die dich irritieren oder vielleicht sogar aufregen, und achte dabei genau auf deinen Gesichtsausdruck. Beeinflusse oder steuere ihn noch nicht in eine bestimmte Richtung. Schaue dir einfach nur an, was allein der Klang einer Stimme mit deinem Ausdruck macht. Taste dich Stück für Stück heran, bis du eine ruhige, aber präsente Miene aufrechterhalten kannst.

Mikroausdrücke und ihre Bedeutungen

Selbstverständlich ist die Mimik immer noch etwas sehr Persönliches und kann nicht durch allgemeine Angaben vollständig und abschließend definiert werden. Einige Fix-Punkte am Mimik-Sternenhimmel sollst du aber trotzdem haben. Mikroausdrücke sind für weniger als eine Sekunde im Gesicht erkennbar.

- **Überraschung:** Die Augen sind weit geöffnet und die Stirn bildet horizontale Falten, weil die Augenbrauen nach oben gehen. Der Mund ist leicht geöffnet, aber in den Lippen ist keine Spannung zu erkennen.

- **Furcht:** Die Falten auf der Stirn liegen mittig oder zwischen den Brauen. Die Augenlider sind nach oben geöffnet, aber unten angezogen. Auch hier ist der Mund leicht geöffnet, weil das Gehirn sich darauf vorbereitet, entweder um Hilfe zu rufen oder den Körper mit Sauerstoff zu versorgen, sollte es zu einem Kampf kommen. Anspannung ist ebenfalls an dünnen Lippen erkennbar.

- **Ekel:** Die Nase zieht sich kraus und die Wangenmuskeln folgen der Bewegung nach oben. Die Augen werden schmaler und die Zähne werden sichtbar.

- **Wut:** Die Falten auf der Stirn stehen vertikal zwischen den Brauen und diese hängen niedrig über den Augen. Der Blick verhärtet sich und die Lippen sind eine schmale, feste Linie.

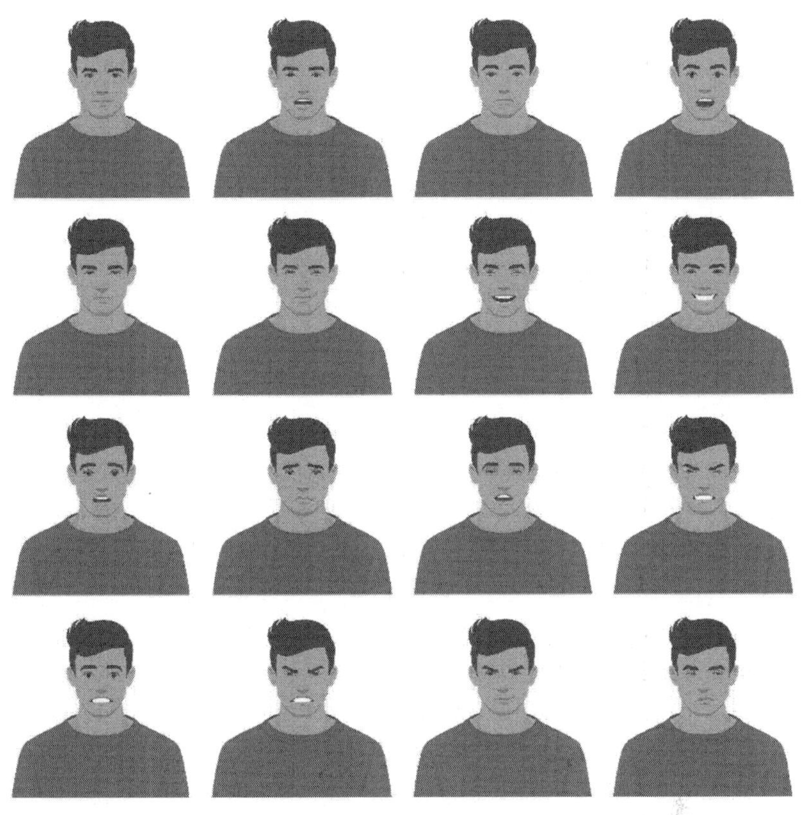

Deine Gesten unterstreichen deine Worte. Manchmal ersetzt eine Geste diese aber auch (siehe: Zeigen, Applaudieren, Bitten). Jede Kultur hat ihre eigenen bestimmten Gesten und manche sind so universell, dass jeder weiß, welche Geste ein Fahrer macht, der auf der Autobahn auf einen anderen, verantwortungslosen Fahrer trifft. Vor der Brust gekreuzte Arme signalisieren wenig Kooperationsbereitschaft und wenn die Füße beziehungsweise Schuhe deines Gegenübers dir nicht zugewandt sind, will er vermutlich, dass das Gespräch möglichst bald endet. Deine Hände unterstreichen unterbewusst deine Erzählung wie ein Textmarker den Text, den du liest.

Manche Menschen klatschen vor Freude in die Hände, andere bevorzugen ein schlichtes High Five oder zwei Daumen hoch, um dir für etwas zu gratulieren. Die gewählte Geste kann also sehr informativ sein, wenn man etwas über sein Gegenüber herausfinden will. Es gibt außerdem Gesten, die mit Personen assoziiert werden – wie etwa die Raute mit Angela Merkel. Außerdem gibt es Gesten, die mit ganzen Bewegungen in Verbindung gesetzt werden: Das PEACE-Zeichen für die Friedensbewegung und die behandschuhte Faust mit den Black Panthers. Da kommen einem die eigenen Hände plötzlich nicht mehr so nebensächlich vor, wenn es um Kommunikation geht.

Was man kommunizieren will – oder eben nicht kommunizieren will –, kann an den Händen zwar nicht abgelesen, aber durchaus gedeutet werden. Ineinander verschränkte Hände zum Beispiel, die du vor dir platzierst, während dein Gegenüber spricht, werden „das Stachelschwein" genannt. Das Stachelschwein bedeutet für dein Gegenüber, dass du noch nicht ganz von der Situation überzeugt bist. Um das zu ändern, kannst du deinem Gegenüber ein paar leichte Fragen stellen, die die Anspannung lösen sollen. Angela Merkels Raute zeigt Sicherheit und Kompetenz. Die ehemalige Bundeskanzlerin zeigte also: Ich habe alles im Griff.

Übung

Die Körpersprache trägt die innere Gefühlswelt nach außen. Dabei ist man häufiger eher auf sich selbst fokussiert als darauf, was der Gesprächspartner gerade macht. Man achtet darauf, wie man selbst sitzt, und übersieht dabei leicht, dass der andere möglicherweise die Beine übereinander geschlagen und die verschränkten Finger um das Knie gelegt hat. Es kommt einem selbst nicht in den Sinn, dass man mit der eigenen Körpersprache dem anderen Ruhe signalisieren kann. Ziel dabei ist, dass der Gesprächspartner seine Abwehrhaltung nach und nach ablegt und seine Hände auch öfter dafür benutzt, seine Worte zu unterstreichen. Merkst du dabei, dass dein Gesprächspartner auch den Abstand zwischen euch verringert hat, ist das schon einmal ein gutes Zeichen. Schließlich fühlst du dich in deinem Freundeskreis anders als mit Leuten, die nicht dazugehören. Achte das nächste Mal auf eure Konstellation untereinander und überlege, wer wie sitzt oder was seine Körpersprache sonst über ihn aussagt. Wie wohl fühlt ihr euch untereinander?

Gesten und ihre Bedeutungen: International

- **Ja:** Kopfbewegung nach links und rechts (Indien) oder Kopf zurückwerfen (Äthiopien)

- **Nein:** Kopf zurückwerfen (Griechenland, Süditalien, arabische Länder, Türkei), „Scheibenwischer"-Bewegung mit der Hand (Japan)

- **Ich:** Zeigefinger auf die Brust (Deutschland), flache Hand auf die Brust/Herzgegend (USA), Zeige- und Mittelfinger auf die Nase (Japan)

- **„Etwas stimmt hier nicht":** Zeige- und Mittelfinger klopfen leicht an den rechten Nasenflügel (Italien)

- **Essen:** Unsichtbare Gabel an den Mund führen (Deutschland), fünf Finger wiederholt zusammen zum Mund führen (Südeuropa, Südamerika), unsichtbare Suppenschüssel in einer Hand und angedeutete Essstäbchen mit den Fingern (Japan)

- **Vulgäre Gesten:** Daumen nach oben (Nigeria, Australien), „Peace"-Zeichen, aber mit Handrücken nach vorn (Großbritannien, Australien), „O" mit Zeigefinger und Daumen (Südeuropa, Südamerika, Russland, Naher Osten)

- **Nutzlos / „null":** „O" mit Zeigefinger und Daumen formen (Belgien, Frankreich)

- **„Viel Glück!":** Gekreuzter Zeige- und Mittelfinger (Kanada, Brasilien); in China steht diese Geste für die Zahl zehn

Noch ein Tipp: Jemanden, der dir gegenübersitzt, erachtest du unterbewusst als Gegenspieler. Setzt euch mal nebeneinander, dann seid ihr nicht nur wörtlich auf derselben Seite. Du suggerierst damit, dass man sich in deiner Gegenwart sicher fühlen kann, weil eure Ziele ähnlich, wenn nicht sogar gleich sind.

Im Vergleich zu Experten in beispielsweise Politik und Kriminologie ist man selbst nicht auf die kleinen Details der Körpersprache trainiert. Liest man Artikel zu diesem Thema, wird einem bewusst, wie viel man im Alltag eigentlich übersieht, während man spricht. Um selbstsicher navigieren zu können und sich nicht mitten in einem Gespräch fragen zu müssen, warum dein Gegenüber sich gerade ans Ohr gefasst hat (Die Person nimmt dir das, was du gerade gesagt hast, übel. Erinnerst du dich noch daran, wie man Kindern die Ohren als Bestrafung „langgezogen" hat?), erfordert es einiges an Übung. Besonders, wenn du jemand bist, der Dinge aus irgendeinem Grund auf Anhieb können muss, ist Geduld ausgerechnet hier eine Tugend. Aber letztendlich kannst du aus einem genauen Blick auf bestimmte Gesten nur profitieren.

Körpersprache als Spiegelbild unseres Innenlebens: Wie wird sie richtig eingesetzt?

Inzwischen hast du eine etwaige Vorstellung über die Wichtigkeit deiner Körpersprache und Gesten. Du weißt, wie du die Muskulatur deines Gesichts entspannen kannst, um dich deutlicher artikulieren zu können. Die Tipps und Tricks der Kommunikationsmodelle und die Bedeutung verschiedener Ebenen und Ohren sind dir ein Begriff, also... was jetzt? Die Theorie ist vorhanden, ebenso Hilfestellungen, was die Anwendung in der Praxis angeht, aber... wie setzt du das ein? Wie gesagt: In den wenigsten Fällen landest du mit einem Verdächtigen im Verhörraum, um seine Körpersprache zu analysieren und einen mysteriösen Fall zu lösen. Du wirst mit diesem Wissen auch keine Politiker analysieren müssen, obwohl das zur Übung durchaus nützlich ist.

Besonders dafür geeignet ist zum Beispiel Bill Clinton, wie er seine Affäre mit Monica Lewinsky dementiert. Ehrlich: Im Vergleich zu anderen Analysen weiß man heute mit Sicherheit, dass es eine Lüge war. Genau deswegen ist es so interessant, sich mit diesem Hintergrundwissen die Körpersprache und die dadurch entstandene Überbetonung seines Statements anzusehen. Genau deswegen ist es eine gute Übung. Die

Körpersprache ist nicht nur ein Spiegelbild unseres Innenlebens, sondern kann auch das Gegenteil zum Gesagten darstellen. Das Gegenteil in diesem Fall sind Körperhaltungen oder Gesten, die einen selbst beruhigen sollen, weil man nervös ist. Das gängige Missverständnis ist das Kreuzen der Arme vor der Brust. Der ehemalige FBI-Agent und Autor mehrerer Bücher zum Thema Körpersprache, Joe Navarro, sagt, dass man damit seinen Gesprächspartner nicht „blockieren" oder sich vor ihm schützen will, sondern dass man sich damit praktisch selbst umarmt. Schließlich wird man seit Kindertagen in den Arm genommen, wenn man traurig oder aufgewühlt ist oder einfach nur emotionale Unterstützung braucht.

Trotzdem gilt es, festzuhalten, dass die Körpersprache stark vom kulturellen Hintergrund gefärbt wird. Es gibt lediglich generalisierte Anhaltspunkte, die ein klareres Bild ergeben, sobald sich mehrere Indikatoren häufen.

Ein weiteres Beispiel: Versuch mal, auszudrücken, dass du etwas nicht sicher weißt, ohne dabei die Schultern hochzuziehen, weder die eine noch die andere. Zweite Runde: Versuch mal, nachzuverfolgen, wie viele Gesichtsausdrücke du benutzt, um *Ich weiß es nicht* auszudrücken. Wie viele von den Folgenden waren dabei?

1. Nach unten gezogene Mundwinkel
2. Zusammengezogene Brauen
3. Langes Seufzen mit hochgezogenen Brauen
4. Schnauben der Lippen
5. Kopf leicht hin- und herbewegen
6. Die „Schnute" und wegsehen

Die „Schnute" ist übrigens auch zu sehen, wenn man nachdenkt. Manchmal macht man mit der Stimme auch ein langgezogenes *Mhhhmmmm* und verschafft sich so ein wenig Zeit, bevor man mit einer Antwort, oder eben keiner, herausrücken muss.

Die Körpersprache dient hauptsächlich dazu, die Lage auszuloten. Wie verläuft ein Gespräch, was erwartet mein Gegenüber? Ist es angespannt oder entspannt, sauer oder freut es sich, mich zu sehen? Und wie viel von alldem wird eigentlich durch den ersten Eindruck beeinflusst?

Der erste Eindruck ist bekanntlich der wichtigste und muss „sitzen", wie es so schön heißt. Andererseits beginnen die engsten Freundschaften hin und wieder mal mit „Am Anfang fand ich dich echt arrogant". Deswegen sei hier gesagt: Der erste Eindruck muss dann sitzen, wenn du die Person in nächster Zukunft nicht wiedersehen könntest, dir für die Zukunft aber einen guten Eindruck sichern willst.

Der erste Eindruck zählt also vorrangig bei Vorstellungsgesprächen, Kundengesprächen oder vielleicht sogar bei der Wohnungssuche. So gesehen ist der erste Eindruck nichts anderes als der langfristige Eindruck, den du hinterlässt. Aber – und hier ein weiterer, wichtiger Punkt – es sind die kleinen Details, die zählen.

Wie riechst du? Trägst du Schmuck? Und wenn ja, welchen? Hat der Schmuck einen sentimentalen Wert für dich und trägst du ihn jeden Tag? Oder hast du für einen besonderen Anlass besonderen Schmuck hervorgeholt? Wie auffällig ist der Schmuck, den du trägst, im Vergleich zu deiner Kleidung, die du für einen besonderen Anlass ausgewählt hast? Welche Kleidung trägst du jeden Tag? Sind deine Schuhe nur zu besonderen Anlässen sauber und vielleicht sogar poliert oder ist dem jeden Tag so? Fragen über Fragen, die man sich allein aufgrund von gewählter Kleidung und Schmuck stellen kann. Und fast genauso viele könnte man sich zur eigenen Erscheinung stellen: Sind deine Haare kurz oder lang? Gefärbt oder Natur? Ist deine Haut gepflegt? Was ist mit deinen Augen? Sind sie gerötet und wirken müde oder wird in ihnen ein ausgeruhter und wachsamer Ausdruck erkennbar? Wird dieser durch deine Augenbrauen unterstrichen? Bei Herren kommt die Frage auf: Bartträger oder nicht? Ist der Bart gepflegt oder nicht?

Du siehst: Die Liste ist ellenlang. Da ist es kein Wunder, wenn man nervös ist und sich eine Situation „zerdenkt", obwohl sie noch lange nicht eingetreten ist. Außerdem hängt noch einiges von der eigentlichen

Situation ab, in die man sich begibt. Arbeitet diese mit Hierarchien, kannst du die Wahl deiner Kleidung ruhig davon beeinflussen lassen, wo in der Hierarchie du dich selbst siehst oder wohin du möchtest. Auch das verrät einiges über deine Ziele und beeinflusst, wie du dich präsentierst. Frauen neigen im Vergleich zu Männern zum Beispiel leider dazu, „tiefer zu stapeln", und bleiben deshalb länger in Positionen, für die sie eigentlich überqualifiziert sind.

Das ist nicht die Schuld der Frauen, sondern die Schuld einer ewig langen Menschheitsgeschichte, die Männern das Zepter in die Hand gedrückt hat, ohne Frauen dafür tatsächlich in Betracht zu ziehen. Es ist eine allgemein anerkannte Wahrheit, dass es schwerfällt, aus alten Mustern auszubrechen. Die Körpersprache und die Wirkung im Hinblick auf Männer und Frauen zu analysieren, könnte ein weiteres Buch, wenn nicht sogar mehrere, füllen.

Wenn man nicht genau weiß, wie sich die eigene Körpersprache einsetzen lässt, außer dafür, Dominanz und Selbstbewusstsein zu suggerieren, kann man an Kinder denken, und zwar im folgenden Sinne: Wenn Kinder mit einer Situation nicht umzugehen wissen und vielleicht sogar ängstlich oder nervös sind, schauen sie zu ihren Eltern. Reagieren die Eltern übertrieben und eilen angsterfüllt zum Kind, wenn es im Sandkasten hingefallen ist (ohne dabei etwas mehr abbekommen zu haben als einen Schreck), so werden auch die Kinder ängstlich im Umgang mit ihrer Umwelt. Solange man also eine bestimmte Rolle besetzt, die für noch weniger erfahrene Mitmenschen leitend ist, ist das Ziel: beruhigen, erden, deeskalieren.

Es gibt eine Reihe von Gesichtsausdrücken und Körperhaltungen, die man direkt deuten kann. Das ist evolutionär bedingt praktisch instinktiv. Für einen kleinen Überblick findest du unten eine Tabelle aufgelistet. Wie viel von den genannten Haltungen und Ausdrücken trifft auf dich zu? Welche verwendest du und welche passen deiner Meinung nach eher zu einer anderen Emotion?

Emotion	Ausdruck / Körpersprache
Aufmerksamkeit	Blick zur Quelle gerichtet, Notizen schreiben zwischendurch, Oberkörper leicht nach vorn gebeugt
Ekel	Nasenwurzel kräuselt sich, Augenbrauen zusammengezogen und Augen schmal, würgen, Mundwinkel zeigen nach unten, Zunge zeigt sich, Blick wird abgewandt
Erschöpfung / Müdigkeit	Langes Seufzen, Augen sind geschlossen, Körper in entspannter Haltung / sucht sich eine bequemere, halb-aufrechte Position, Gähnen, Blick abgewandt, „starrt"
Furcht / Angst	Augen weit geöffnet, Atem geht schneller, Schultern angespannt, Kiefer zittert / bebt, Blick „zuckt suchend"
Freude / Heiterkeit	Breites Lächeln erreicht die Augen, Klatschen in die Hände beim Lachen, Körper „geht mit", Tränen in den Augen vor Lachen
Langeweile	Sinken in den Stuhl, verschränkte Arme vor der Brust oder Kopf liegt in der Hand, Oberkörper lehnt halb, Blick abgewandt, man versucht, „Hände zu beschäftigen"
Missfallen	Lächeln erreicht die Augen nicht, Körper bleibt auf Distanz, Brauen gehen kurz und schnell nach oben, Kopf neigt dabei auf eine Seite
Missachtung / Verachtung	Gesichtsausdruck „versteinert sich", Lippen werden schmal, Blick geht abwertend von oben nach unten, Stirn furcht, Mundwinkel zeigen nach unten, Kinn schiebt sich vor
Staunen / Überraschung	Brauen gehen nach oben, Mund öffnet sich weit, evtl. schlägt die Hand vor den Mund
Verlegenheit / Schüchternheit	Blick gesenkt, kleines Lächeln, Hand an der Seite des Halses oder im Nacken, evtl. „wippen" die Füße
Verwirrung	Zusammengezogene Brauen, fragender Blick, Kopf bewegt sich langsam, kurzes Blinzeln
Vorfreude	Breites Grinsen, kleiner „Freudentanz" (meist in den Schultern), Augen kurz zusammengekniffen, evtl. sich über die Lippen lecken
Verzweiflung	Langes Ausatmen, Kopf in den Händen, Gesicht und /oder Mund verdecken
Wut	Lippen in einer blassen Linie, Kiefer fest, Kinn leicht nach vorn geschoben, Gesicht wird vom Hals aufwärts rot, plötzliche Bewegungen wie Faust auf den Tisch schlagen

Auch, wenn du selbst nicht dasselbe fühlst: Sobald du merkst, dass dein Gegenüber – in diesem Beispiel ein Kind – Zusicherung braucht, zeig ihm, dass alles in Ordnung ist. Im Laufe des eigenen Lebens, und besonders als Erwachsener, vergisst man schnell, dass es für Probleme auch Lösungen gibt. Gegebenenfalls kommt jetzt eine bahnbrechende Durchsage: Du kannst deinen Tag so oft von vorn anfangen, wie du willst. Nicht wie in *Und täglich grüßt das Murmeltier,* sondern eher wie „Bis jetzt lief der Tag echt beschissen. Das hört jetzt auf, ab jetzt wird es ein guter Tag." Du kannst dich schlichtweg weigern, einen schlechten Tag zu haben. Methoden, die dir dabei helfen, sind zum einen das **Reframing** und zum anderen das **Rebranding**.

Reframing bezeichnet die Neuformulierung von negativen Gedankenmustern, um sie in ein neues und besseres Licht zu rücken.

Der Begriff „Reframing" kommt aus der Psychologie / Verhaltenstherapie und das verwandte „Rebranding" von Produkten ist in der Marketing-Branche beheimatet.

Rebranding bezeichnet die Umgestaltung einer Markenidentität, um deren Wahrnehmung von Konsumenten zu beeinflussen.

Das Reframing fördert einen sanfteren Umgang mit dem eigenen mentalen Zustand und unterstützt auf dem Weg zur Besserung. Es ist die Bereitschaft, etwas zuvor als negativ Wahrgenommenes in ein besseres Licht zu rücken, um seine Mentalität zu entlasten, wie zum Beispiel, indem man einen schlechten Tag aktiv abbricht, um jetzt mit einem „besseren" Tag fortzufahren. Ein weiteres Beispiel wäre, sich nicht selbst zu geißeln, wenn man etwas nicht sofort kann. Mit „Das ist in Ordnung. Ich lerne noch" würde man das also neu formulieren und die Reframing-Technik einsetzen.

Rebranding dagegen ist ein altes Konzept in einem neuen Mantel. Das kann manchmal schwerfallen, weil man eine Marke mit einer bestimmten Form oder Farbkombination assoziiert. Um dir das noch klarer zu machen: Pixi-Bücher sind nie etwas anderes als klein und quadratisch und auch Langenscheidt hat sich die Farbkombination aus gelbem

Einband und blauem, großem L patentieren lassen. Gefühlt gibt es keinen anderen Zwieback als den von Brandt und die weiße Schrift auf orangefarbenem Grund gehört einfach dazu. Wenn man also versucht, sich diese Dinge in einer anderen Form, in einer anderen Farbkombination oder die Schrift in Druckbuchstaben vorzustellen, bekommt das Hirn einen Kurzschluss. Es sind demnach Traditionen, die mit alldem verbunden werden. Und wie bereits erwähnt, fällt es uns Menschen schwer, mit Gewohnheiten zu brechen. Das Rebranding einer Marke ist in gewisser Hinsicht also dünnes Eis und es wird nicht darauf zurückgegriffen, es sei denn, es ist unabwendbar. Die Beispiele sind meist negativ: TikTok hieß mal musicall.y und META hieß mal facebook. Beide Rebrandings sind noch recht aktuell und die Gründe für diese Entscheidungen sind im Internet nachzulesen.

Rebranding arbeitet auch mit visuellen Mitteln: neue Farben, neue Schrift, neues Image. Das sorgt dafür, dass du überhaupt nicht mehr an das denkst, was „vorher" war. Schließlich gibt es nichts mehr, was daran erinnert. Wenn du also einen schlechten Tag hast, denke an Reframing.

Rebranding ist weniger für die eigene Person geeignet. Die eigene Identität wächst und wandelt sich kontinuierlich, weil man auf die eigenen Entscheidungen mit mehr Wissen zurückblicken kann und dazulernt. Eine Marke, die mit einem schlechten Image auch an Profit verliert, hat diese Art von Spielraum nicht.

Übung:

Du bist Vorsitzender einer globalen Marke. Diese Marke hat sich dazu entschieden, seine Produkte nachhaltiger zu produzieren und so die Umwelt zu schonen. Zuvor war die Produktion zwar günstiger, aber eben nicht so nachhaltig, wie sie es sein sollte. Was hat dich als Vorsitzender zu dieser Entscheidung bewogen? Was bedeutet das für deine Mitarbeiter in Bezug auf Arbeitszeit und Gehalt? Wie kannst du das dem Vorstand, den Investoren (neuen und alten) darlegen? Welche Ziele hat deine Marke für die nächsten 5 Jahre? Und überhaupt: Was verkaufst du?

DIE 3. SÄULE: PARAVERBALE KOMMUNIKATION

Was steht zwischen den Zeilen?

Nach verbaler und nonverbaler Kommunikation kommt jetzt die paraverbale Kommunikation. Und nein, das ist nicht die Kommunikation mit Geistern. Das wäre para*normale* Kommunikation.

Die paraverbale Kommunikation bezeichnet alles zwischen nonverbaler und verbaler Kommunikation, solche Dinge, wie etwa Pausen beim Sprechen oder Räuspern und Husten und eben all das, was nicht in die Kategorien Worte oder Körpersprache gehört. Du hast es erfasst: Selbst das ist eine Form der Kommunikation. Wann du die Pausen setzt, der Rhythmus, wie du sprichst, wann deine Stimme leiser wird oder ob du nuschelst oder manche Wörter lauter betonst als andere – diese Merkmale sind unterschiedlich, weil auch diese – wie Gesten – kulturelle Unterschiede haben können. Nicht jeder Mensch auf der Welt spricht auf dieselbe Art und Weise, geschweige denn setzt er die gleichen Pausen. Nicht mal jeder Mensch spricht.

Die paraverbale Kommunikation scheint leicht übersehbar, weil so viel über Worte, Ausdruck und Körpersprache gesprochen wird. Der Fokus scheint demnach hauptsächlich auf diesen beiden Säulen zu liegen, weil man nicht versteht, dass man auch den paraverbalen Teil in einem Gespräch für sich arbeiten lassen kann. Außerdem kann so die Wirkung der eigenen Worte und der Körperhaltung nur verstärkt werden. Alles geht Hand in Hand und greift ineinander wie die einzelnen Glieder einer Kette. Inzwischen dürften dir einige Reden und Debatten bekannt sein, wenn nicht sogar sehr gut bekannt.

Worauf hast du geachtet? Auf Körpersprache und Wortwahl, richtig? Dann schaue dir diese Reden und Debatten mit der Linse ‚Paraverbal' an. Wann pausiert der Redner? Wieso pausiert er und welches Ziel hat diese Pause? Erreicht sie dieses Ziel? Räuspert sich der Redner oder nicht? Und wenn ja, wie? Ist es laut und deutlich wahrnehmbar oder eher dezent? Welchen Rhythmus hält die Stimme? Höre dir zum Vergleich Reden in verschiedenen Sprachen an (keine Panik, es gibt Untertitel). Wie ändert sich der Rhythmus der Rede? Wie nimmst du den Redner, dessen Sprache du vielleicht nicht sprichst, wahr? Wie, glaubst du, unterscheidet sich deine Wahrnehmung zu der eines Mitgliedes in dem Kulturkreis des Redners?

Übung: Hören

Höre nur die Audio einer Rede, achte dabei nur auf die paraverbalen Details und illustriere sie. Nimm dir deine Lieblingsfarbe oder eine andere, die dir für die Stimme des Redners passend erscheint, und „verfolge" die Stimme damit. Lege vorher in Symbolen fest, wie Pausen, Räuspern, Höhen und Tiefen in der Rede aussehen, und male oder zeichne sie so auf Papier. Wie sieht dieser „Graph" oder die Illustration am Ende der Rede aus? Nimm für die Rede in einer anderen Sprache eine andere „Stimmfarbe" und male auch diese Rede auf, vielleicht sogar auf dasselbe Papier wie die erste Rede. Wie sieht dein Bild am Ende aus? Wie kannst du die Reden, basierend auf deinem Bild, visualisieren und welche Unterschiede bemerkst du?

Einige Vorschläge:

- Ansprachen von Barack Obama vs. Ansprachen von Donald Trump
- Die Neujahrsansprache 2021 der ehemaligen Bundeskanzlerin Angela Merkel vs. die Neujahrsansprache 2022 von Bundeskanzler Olaf Scholz

Falls du wegen der englischsprachigen Reden ein wenig unsicher bist: Bei dieser Übung geht es weniger darum, wie viel von der Rede du verstehst, sondern vielmehr um die Art und Weise, wie die Person spricht und wann sie pausiert. Gegebenenfalls findet sich aber in der großen, weiten Welt des Internets bestimmt auch eine Fassung mit Untertiteln (subtitles) oder Audiodeskription (closed captions, kurz CC).

Übung: Sprechen

Das Haus der Geschichte in Bonn hat einige Reden von Politikern und Vizepräsidenten des HdG auf seiner Website. Lese diese Ansprachen einmal ohne Audio im Stillen und dann halte diese Rede. Nimm sie auf und höre sie dir mit deiner Stimme mal an.

Was fällt dir auf?

Wie steht es um deine paraverbale Kommunikation und wie wirkt sie auf dich selbst?

Würdest du dir selbst zuhören können, als Gast bei einer solchen Rede?

Vergiss dabei nicht, dass diese Reden an solchen Tagen nicht das erste Mal vorgebracht werden. Es steckt eine Menge Übung dahinter und selbst, die gedruckte Rede beim Sprechen in den Händen zu halten, sorgt nur dafür, dass die Hände etwas zu tun haben.

Übrigens ist dies auch interessant, zu beobachten: Was machen die wichtigen Menschen in unserer Gesellschaft mit den Händen, während sie wichtige Reden halten? Wie bereits gesagt, ist „die Raute" das Go-To für unsere Altkanzlerin. Andere Politiker halten sich am Pult fest oder nehmen einen Stift oder sind geübt darin, ihre Hände beim Sprechen betonend einzusetzen. Was machst du mit deinen Händen, während du sprichst? Bist du der Stift-Typ? Pult-Typ?

Fragen über Fragen zu Dingen, über die man sich eigentlich wenig Gedanken macht – es sei denn, jemand zeigt mit dem Finger genau darauf. Rhetorik kann ein ziemlich fieses kleines Ding sein, eben weil Gesten und Körpersprache so persönlich sind und man genau deswegen eigentlich gar nicht so genau darauf achtet. Du musst erst durch viel Übung und Geduld einen Blick dafür entwickeln, bevor du diese Dinge aktiv steuern kannst. Dabei bleibt die Frage nach dem Grund dafür – deiner Motivation – stets präsent, bis zu dem Moment, an dem du selbst zufrieden mit deiner Arbeit sein kannst. Andererseits: Wie heißt es so schön? Der Künstler ist niemals zufrieden mit seinem Werk. Das bedeutet nicht, dass du dich mit solchen Übungen zu einer Endlosschleife verdammt hast. Nein, es betont nur das, was du am Anfang dieses Buches bereits gelesen hast. Du willst nicht besser werden als jemand anderes. Du willst nur besser werden als die Vorgängerversion von dir. Dieses Ziel erreichst du nun mal nur dann, wenn du regelmäßig übst. Nicht 24 Stunden am Tag, aber regelmäßig.

Professionell kommunizieren leicht gemacht

Jetzt, wo dein Hirn vor Informationen zu Kommunikation wahrscheinlich kurz davor ist, zu platzen, geht es in die finale Runde: die professionelle Kommunikation. Das Berufsleben wurde im Laufe dieses Buches schon häufiger erwähnt. Es ist das erste Beispiel, welches in den Sinn kommt, wenn man „professionell kommunizieren" soll. Aber dieses Wissen kannst du auch überall sonst anwenden. Es muss nicht unbedingt nur im Job sein. Hier geht es aber weniger um E-Mail-Verkehr usw. Mehr geht es um deine eigene Überzeugungskraft und deine Wirkung auf andere. Wie bringst du deinen Inhalt auf den Punkt und wie schaffst du es, dich ohne krampfhaften Smalltalk elegant durch eine Unterhaltung zu manövrieren?

Da (und Gott sei Dank) niemand in den eigenen Kopf sehen kann, könnte es Außenstehende ein wenig verwirren, wenn du während eines Gesprächs scheinbar von einem Punkt zum anderen springst. Um also gleich klarzumachen, was Sache ist, kannst du dich fragen: Was – Warum – Was jetzt?

1. Tipp

In seinem Buch *Speaking Up Without Freaking Out* sortiert der Autor Matthew Abrahams diese Fragen folgendermaßen:

Was? Was sagst du?

Wieso? Wieso ist diese Information für die aktuelle Unterhaltung wichtig?

Was jetzt? Was macht dein Empfänger jetzt mit dieser Information?

Diese drei Fragen erleichtern es dir, dich auf die wichtigen Informationen einer Unterhaltung zu konzentrieren. Damit strukturierst du die Informationen besser und kannst für den weiteren Arbeitsprozess daran anknüpfen. Denke daran, wie du dir eine Telefonnummer merkst. In deinem Gehirn ist die Nummer sicherlich nicht als durchgehende Reihenfolge abgespeichert, oder? Eher sieht sie vielleicht so aus: 0123-456-789-10. Das ist deshalb so, weil dein Gehirn besser mit Informations-Häppchen klarkommt als mit einer Masse an Informationen gleichzeitig. Gewissermaßen liebt dein Hirn also Informations-hors-d'oeuvre und ist also ein richtiger Feinschmecker (klingt außerdem gleich viel cooler als *Häppchen*). Genau deshalb ist es so wichtig, die Informationen zeitig aufzunehmen, um nicht eines Nachts am Schreibtisch zu sitzen, während du eigentlich schlafen solltest, und zu hoffen, dass es am nächsten Tag „bestimmt schon irgendwie wird." Dein Gehirn braucht zwar nicht so lange, eine Information aufzunehmen, aber doch länger, diese Information zu verinnerlichen. Du erinnerst dich an Paul Watzlawicks

„Gedacht ist nicht gesagt, gesagt ist nicht gehört, gehört ist nicht verstanden, verstanden ist nicht gewollt, gewollt ist nicht gekonnt, gekonnt und gewollt ist nicht getan und getan ist nicht beibehalten."

Du musst deinem Gehirn also genug Raum geben, diese Schritte langsam zu gehen. Davon profitierst du am Ende selbst. Schon mal was von „Entschleunigung" gehört? Ja, also, genau das würdest du damit tun. Es bedeutet weniger Stress für dich, wenn du dir selbst die Zeit gibst, einen Schritt vor den anderen zu setzen. Du bist kein Schwamm, sondern ein Mensch. Also kannst du die Informationen auch ruhig so aufnehmen, indem du sie einfach in kleinere Häppchen teilst.

2. Tipp

Der nächste Trick für eine bessere Kommunikation heißt „**Erkläre es mir, als wäre ich 5**." Dabei musst du zwar deinen Wortschatz ein bisschen umkrempeln und nach Wörtern suchen, die Kinder in diesem Alter verstehen, aber das ist das Lustige daran. Du merkst außerdem selbst, wie dein Wortschatz mit dir gewachsen ist, weil es dir anfangs mit Sicherheit etwas schwerer fallen wird. Wenn du noch einen draufsetzen willst: Pfeife auf eine ordentliche Satzstruktur und Konjugation und platze einfach mit Wörtern heraus, die dir gerade einfallen – praktisch so etwas wie eine Mindmap oder der Rohrschachtest mit Wörtern. Das ist etwas, womit du dich auf ein seriöseres Gespräch vorbereiten kannst.

In etwa so:

Frage: Warum Kommunikation wichtig?

Antwort: Kommunikation wichtig -> Menschen lieben reden mit anderen Menschen.
Reden = Verbindung/Kontakt -> Menschen wollen Kontakt,
Kontakt wird hergestellt durch Kommunikation.
Kommunikation = was Menschen mit ganzem Körper machen, nicht nur reden, auch ohne Stimme.

Vollkommener **Wortsalat**, aber dir wird klar, worauf dieser Wortsalat hinauswill, oder? Mache es dir selbst so einfach wie möglich. Selbst, wenn du deine Informationen so herunterbrichst, hilft dir das, die Basics zu verstehen und Schlagwörter herauszufiltern. Im Wortsalat wären diese Schlagwörter:

Wortschatz, reden, Kontakt, Menschen, Kommunikation, Verbindung

Übung

Erkläre die Bedeutung von *Politik, Schokoladenkuchen, Honig, Schulunterricht* und *Sommerurlaub* einmal mit „Erkläre es mir, als wäre ich 5" und einmal mit dem Wortsalat – gerne auch als Spiel, in dem du und deine Freunde euch gegenseitig „erwachsene" Begriffe aus der Berufswelt erklären müsst, ohne für den Kontext relevante Wörter zu verwenden, in etwa wie in Tabu. Dabei solltet ihr darauf achten, dass es für das Gegenüber einen Sinn ergibt, und nicht einfach mit Worten herausplatzen, nur weil sie besonders schwer sind.

Bürobeispiel: Erkläre Begriffe wie Business-to-Business, den Unterschied zwischen Firma und Unternehmen und Antrag möglichst einfach. Wie würdest du es einem fünfjährigen Kind erklären? Wie würde der Wortsalat aussehen?

3. Tipp

In der ‚**Stahlmann-Argumentation**' (im Gegensatz zur ‚Strohmann-Argumentation') geht es darum, den Diskussionspartner oder Gegenüberliegenden nicht bloßzustellen, sondern ihm mit Verständnis für seine Argumente zu begegnen. So ist eine höhere Wahrscheinlichkeit gegeben, dass dir dein Gegenüber denselben Dienst erweist. Durch das ‚Abschalten' der Abwehrhaltungen hast dementsprechend du höhere Chancen, deinen Gegenüber zu überzeugen.

Die Stahlmann-Argumentation ist eine weitere Möglichkeit, deine Punkte überzeugender vorzubringen, sobald du sie durch die Übung zuvor besser strukturiert und verinnerlicht hast. Diese Form der Argumentation dient nicht dazu, dein Gegenüber niederzumachen, sondern funktioniert ähnlich, wie etwa, sich im Vorstellungsgespräch näher an deine potenziellen Arbeitgeber zu setzen. Du zeigst Verständnis für die Argumentationsführung deines Gegenübers und reagierst freundlich. Das bringt dir nicht nur Pluspunkte bei Zuhörern, sondern erwischt auch dein Gegenüber ein wenig kalt. Besonders bei Debatten unter Politikern wird eigentlich darauf abgezielt, den Gegner kleinzuhalten (= Strohmann), aber mit der Stahlmann-Argumentation schaffst du es auch, jemanden, der zuvor nicht auf deiner Seite war, auf diese zu ziehen. Ein Beispiel für die Stahlmann-Argumentation wäre folgendes Szenario:

Person A und Person B debattieren über die Wichtigkeit einer Work-Life-Balance und einer geordneten Struktur, die es Arbeitnehmern erlaubt, einen Lebensunterhalt zu bestreiten, ohne dafür Vollzeit arbeiten zu müssen.

Person A bringt folgende Argumente vor:

- Die Vier-Tage-Woche in Finnland

- Dass Haushalte mit zwei Einkommen tendenziell glücklicher sind, dasselbe aber nicht auf Haushalte mit nur einem Brotverdiener zutrifft.

- Dass das System mit nur einem arbeitenden Haushaltsmitglied und das Verlassen auf einen Partner, der den Haushalt führt, während man arbeitet, veraltet ist. Man kann also nicht Vollzeit arbeiten UND den Stress mit entspannenden Aktivitäten wieder ausgleichen.

Person B entgegnet dazu:

- Die Vier-Tage-Woche in Finnland ist Fake News.

- Mit Home-Office würde die Frage nach Work-Life-Balance wanken, da man selbst die meiste Zeit zu Hause verbringt.

- Es besteht somit keine wirkliche Trennung mehr zwischen Arbeitsbereich und Privatbereich, wodurch auch die Frage nach einer Lösung für Work-Life-Balance neu definiert werden müsste.

Beide Seiten haben gute Argumente, aber wie könnte Person B den Punkt Fake News anbringen, ohne in Donald Trump-Manier als Meme zu enden? Tatsächlich stand die Vier-Tage-Woche in Finnland nicht ernsthaft zur Debatte. Es war eher eine beiläufige Bemerkung der finnischen Premierministerin Sanna Marin im August 2019, die zu dem Zeitpunkt noch Verkehrsministerin war. Diese beiläufige Bemerkung fiel, weil das 120-jährige Bestehen der finnischen Arbeiterpartei vor der Tür stand.

Person B könnte die Argumentation von Person A also wie folgt entkräften:
„Auf den ersten Blick klingt eine Vier-Tage-Woche mit sechs Stunden Arbeit pro Tag selbstverständlich sehr verlockend und sogar wie ein schlagendes Argument. Da muss ich Ihnen recht geben. Auch ich habe mich dazu hinreißen lassen, diese Idee in meine Argumentation einzubeziehen. Doch leider musste ich feststellen, dass sich diese Meldung als falsch herausgestellt hat und auf eine Fehlinterpretation durch die belgische Zeitung *New Europe* zurückzuführen ist. Die Premierministerin Marin fragte in einem Interview lediglich, warum der 8-Stunden-

Arbeitstag als unumstößlich angesehen wird und man sich nicht beispielsweise mit der Option einer Vier-Tage-Woche mit einem 6-Stunden-Arbeitstag näher befasse. Die Forderung, eine Vier-Tage-Woche tatsächlich einzuführen, hat Frau Marin aber nicht geäußert."

Person B hat das Argument so erfolgreich entkräftet, ohne den Kontrahenten, Person A, vorzuführen oder an den Pranger zu stellen. Das Gegenbeispiel wäre in dem Fall gewesen, dass Person B die Person A für ihr mangelndes Wissen auslacht, etwa, indem sie sie abschätzig fragt, ob sie denn nicht wisse, dass sich die Vier-Tage-Woche als Fake News herausgestellt hat, warum Person A denn nicht ordentlich recherchiert habe und so weiter und so fort. Wir alle wissen, dass es sehr einfach ist, gleich auf Beleidigung zu schalten. Aber um sich es im Verlauf einer Debatte – egal, welcher Art – nicht gleich zu verscherzen, ist es wichtig, auf das Gesagte einzugehen und es anzuerkennen.

Vielleicht ist es ja wirklich ein guter Punkt, den du in deiner eigenen Argumentation noch nicht bedacht hast? Es gibt bei so etwas kein Richtig oder Falsch. Es gibt keinen Gewinner und Verlierer, wenn man nur mit dem Ziel einer guten Argumentation in den Ring geht. „Der Weg ist das Ziel", „Sieger der Herzen" und so weiter. Du weißt Bescheid. Kommunikation sorgt im besten Fall dafür, dass man die Gemeinsamkeiten aufdecken und von da an effizienter zusammenarbeiten kann. Das ist der eigentliche Sinn des Ganzen und sollte immer im Hinterkopf behalten werden.

KOMMUNIKATION ALS VERBINDUNG: NOCH MEHR TIPPS UND TRICKS

Da das Ziel der Kommunikation eine Verbindung ist, mit der alle involvierten Seiten gut arbeiten können, und es eine Art Pool geben sollte, aus dem alle nützliche Informationen ziehen können, ist es grundsätzlich wichtig, eine solide Basis für eine offene, aber geordnete Kommunikation zu schaffen. Besonders in der Debatte oder während eines Vortrags können Zwischenrufe vorkommen oder der Beitrag kann anderweitig gestört werden. Es muss also von Anfang an klargestellt werden, wann die Zeit für, zum Beispiel, Fragen ist und dass der Sprecher den Inhalt zuerst vortragen möchte, bevor er sich den Fragen widmet. Dafür kannst du dir deine Fragen und einige Stichworte für den Kontext, in dem sie dir in den Sinn gekommen sind, aufschreiben. Im Beruf kann man davon ausgehen, dass die Anwesenden erwachsen genug sind, nicht dazwischenzurufen oder mit Einwürfen zu unterbrechen. Trotzdem gibt es Optionen, professionell mit der eventuell entstandenen Unruhe im Raum umzugehen.

Sprich es an.

Auch du wirst automatisch still, wenn eine Person, die zu diesem Zeitpunkt eine Autorität darstellt, ihren Vortrag unterbricht und auf dich eingeht. Sätze wie „Gibt es etwas, das Sie mit uns teilen möchten?" oder „Haben Sie Fragen zu diesem Punkt?" kennt man aus Uni und Schule zur Genüge. Deine Absicht ist es nicht, den Zuhörer bloßzustellen. Deshalb halte deine Stimme so ruhig und deine Worte so klar wie möglich. Wenn der Zuhörer nichts dazu sagen kann, dann sag ihm, dass du den Vortrag dann jetzt weiterführen und gern am Ende noch einmal auf Fragen eingehen wirst.

Wir sind alle erwachsen.

Wenn du also merkst, dass die Aufmerksamkeit nicht ganz bei dir ist, unterbreche deinen Vortrag für einen Augenblick und gehe auch darauf ein. Frage, woran es vielleicht liegen könnte. Wenn es tatsächlich vorkommt, dass du gesagt bekommst, der Zuhörer möchte nicht hier sein, dann biete ihm die Möglichkeit, zu gehen. So einfach ist das. Das klingt auf den ersten Blick ein wenig radikal, weil niemand so etwas offen ausspricht, aber es geht um deine Zeit und die Arbeit, die du in den präsentierten Inhalt gesteckt hast. Auch der Zuhörer wird zu nichts gezwungen und kann gehen, wenn er es möchte. Das hier ist ein freies Land, wie es so schön heißt.

Du bist ein Ich und kein Wir.

Wenn du eine Meinung hast und diese gern in einem Gespräch mit der Gruppe teilen möchtest, dann verstecke dich nicht hinter Verallgemeinerungen. Du bist selten das Sprachrohr der ganzen Gruppe und die einzige Verantwortung, die du zu übernehmen hast, ist die für dich selbst und deine Äußerungen. Sprich deshalb von dir selbst und verwende ruhig das *Ich*, wenn es sich um deine eigene Meinung handelt. Es fällt selten auf, wie oft das Wort *Ich* in einem Gespräch wegfällt. Wie so oft wird der Unterschied erst dann spürbar, wenn du darauf hingewiesen wirst.

Was fällt dir auf?

Wie gehst du mit dem Wort *Ich* um?

Stehst du zu deinen Äußerungen oder flüchtest du dich sicherheitshalber in Verallgemeinerungen?

Was häufig bei solchen Debatten und Diskussionen vergessen wird, ist: Sein Gegenüber in Grund und Boden zu argumentieren, ist nicht das Ziel. Du musst dein Gegenüber nicht davon überzeugen, dass es falsch liegt und du richtig. Wie gesagt: Es gibt kein Richtig oder Falsch, denn die

Wahrheit ist subjektiv und abhängig von dem eigenen Blick auf gewisse Dinge. Und da man – wie ebenfalls bereits erwähnt – nicht in die Köpfe anderer gucken kann, kann man diesen Blick auch nicht beeinflussen. Es gibt so gesehen keine objektive Sicht auf Sachverhalte, weil man keine Maschine ist – und selbst die wird mit Informationen gefüttert, um zu einem Ergebnis zu kommen.

Um in einer Diskussion voranzukommen, muss man einen **gemeinsamen Nenner finden**.

Welche gemeinsamen Interessen vertreten Team A und Team B?

Was ist das Hauptproblem, das einer Lösung bedarf, und was ist der beste Weg zu diesem Ziel?

Im Beispiel mit der Vier-Tage-Woche haben Person A und Person B also eigentlich die gleichen Bedenken zum Thema Work-Life-Balance und der richtigen Umsetzung. Beide könnten diese Debatte also gemeinsam weiterführen, indem sie sich fragen, an wen man sich für eine schnellere und bessere Umsetzung dieser Idee wenden könnte. Weiterhin können Person A und Person B ihre verwendeten Informationsquellen gemeinsam auswerten und erarbeiten, was sie vortragen würden, um dieses Vorhaben zu unterstützen. Gäbe es vielleicht die Möglichkeit, Haushalte bestehend aus nur einer Person oder Alleinerziehende so zu unterstützen, dass sie mit nicht-berufsrelevanten Aktivitäten entspannen können? Gäbe es tatsächlich die Möglichkeit, auch mit Teilzeitstellen genug zu verdienen, so dass die mentale Gesundheit mehr in den Vordergrund gestellt werden kann?

ALLER GUTEN DINGE SIND DREI

Drei. Genauso viele Argumente darfst du haben, bevor sich deine Zuhörer fragen, was mit deinem Inhalt nicht stimmt. Was du sagst, kann nicht so gut klingen, wie es das tut. Irgendwas muss da im Busch sein. Sobald deine Zuhörer diesen Gedanken gefasst haben, werden sie den Rest deiner Redezeit damit beschäftigt sein, jedes Wort zweimal umzudrehen und einmal sicherheitshalber auf den Kopf zu stellen.

Die Aufmerksamkeitsspanne aufrechtzuerhalten und dafür zu sorgen, dass Zuhörer an deinen Lippen hängen, ist schwer, vor allem, wenn man den Inhalt selbst verfassen muss und keine professionellen Redenschreiber einem unter die Arme greifen. Wie sortierst du deine Argumentation also, ohne deine Zuhörer damit zu erschlagen? Du hast bereits verstanden, dass man nicht *nur* gute Argumente haben kann. Einige sind schwächer als andere, wieder andere lassen die Luft aus dem ganzen Gebilde raus. Du erinnerst dich bestimmt noch aus Kindertagen daran, wie traurig eine Hüpfburg aussieht, wenn die Luft aus dieser weicht. Sie sinkt immer tiefer und der Anblick wird mit jeder Sekunde bloß deprimierender. Man möchte der armen Hüpfburg fast zum Abschied winken.

Um dieses sehr traurige Bild zu vermeiden, musst du deine Argumente entsprechend ordnen. Dabei musst du darauf achten, dass du nicht gleich mit dem stärksten Argument all deine Karten offenlegst. Fange am besten mit dem zweitstärksten Argument an. Darauf folgt dein schwächstes Argument und dann zum Schluss dein stärkstes, frei nach dem Motto: „Das Beste kommt zum Schluss." Mit dieser Technik sorgst du dafür, dass deine Zuhörer nicht abschalten, weil sie wissen, dass die starken Argumente schon alle genannt wurden und jetzt nur noch die schwächeren folgen. Außerdem sorgst du so dafür, dass die Köpfe sich nicht ausklinken, weil die Informationen zu viele auf einmal sind. Du schaffst ein ausgewogenes Gleichgewicht in deiner Argumentation und hältst so auch das Interesse deiner Zuhörer aufrecht.

Aber selbst beim besten Vortrag gibt es die einen, die einzig Wahren, die Pseudo-Wissenschaftler, die einem Facebook-Post mehr Wert beimessen, als notwendig wäre. Es gibt sie: die Skeptiker, die Leugner – die Menschen, die es immer besser wissen wollen als du selbst. Sie haben jedes deiner Worte im Kopf und im Ohr, betrachten deine Schritte mit Argusaugen. Sie lauern geduldig und warten, bis du in ihr geliebtes Fettnäpfchen trittst, wie ein Bär in die Falle eines Jägers. Und dann drehen sie durch wie Gollum beim Anblick des einen Rings.

Wie gehst du mit ihnen um? Ehrlich gesagt kannst du nicht viel gegen diese Skeptiker tun. Sie sind in ihrer Meinung so festgefahren, dass du nie genug Luft dafür in die Lungen bekämst, wolltest du sie von einem Gegenteil überzeugen. Es dauert zu lange und kostet zu viel, nicht nur dich selbst, sondern auch die Zuhörer, die sich tatsächlich für deinen Vortrag interessieren. Um dich aber trotzdem entsprechend für eine solche Situation zu wappnen, kannst du dich gut vorbereiten. Damit sind auch Informationen gemeint, die dir auf den ersten Blick vielleicht unscheinbar oder gar irrelevant für dein Thema vorkommen könnten. Sie verleihen deinem Wissen eine gewisse Tiefe, die dich gleich überzeugender klingen lässt.

Sogenanntes „**unnützes Wissen**" ist nämlich eigentlich gar nicht so unnütz. Es ist genau solches Wissen, das einem bei Abschlussprüfungen immer Bonuspunkte verspricht. So, wenn du also auf einen Nörgler triffst, lasse diesen Nörgler ausreden. Er soll sich sein „Wissen" von der Seele reden, in dem Versuch, dich bloßzustellen und als „der Bessere" dazustehen. Solche Nörgler merken selten, dass sie die Einzigen sind, die so emotional auf Argumente reagieren. Um die Situation zu deeskalieren, kannst du hier 1) auch auf die Stahlmann-Argumentation zurückgreifen oder mit der **I-C-E Technik** entgegenwirken.

I wie **Interest:** Höre zu und betrachte die Situation mal aus der Sicht des Nörglers. Was sieht er, das so von deiner Meinung abweicht, aber für die Diskussion dennoch von Interesse sein kann?

C wie **Concern.** „Concern" ist das englische Wort für Zweifel. Bedenke nun die Zweifel und Interessen des Nörglers, die scheinbar in deiner Argumentation zu kurz gekommen sind. Wie gehst du sie an? Wie könnte man diese Zweifel gemeinsam angehen und eventuell sogar aus der Welt schaffen?

E wie **Emotion.** Schon wenn du einen Raum betrittst, erwartet dich Emotion darin. Deine Zuhörer bringen ihre Emotionen mit und auch du tust das, wenn die Rollen mal vertauscht sind. Um diese Emotionen für dich zu nutzen, kannst du mit Smalltalk die Situation mal ausloten. Emotionen beeinflussen nämlich in jeder Hinsicht das Gespräch. Und Nörgler, die ihre negativen Emotionen durch Abwarten nur stauen, tun das immer später als früher. Der Umgang mit den Emotionen anderer ist nur schwer zu erlernen. Wir neigen nämlich häufig dazu, solche Emotionen als einen persönlichen Angriff zu werten, obwohl fremde Emotionen selten etwas mit uns zu tun haben. Du kannst dich nur um dich selbst kümmern. Wie gesagt: Wer nicht überzeugt werden will, kann nicht überzeugt werden. Und wer sich schnell überzeugen lässt, trägt seine ehrliche Meinung danach häufig nicht mehr zur Schau.

Es scheint, als würdest du mit der ICE-Technik Skeptikern eine Plattform bieten. Aber eigentlich kannst du so die Aufmerksamkeit wieder auf dich richten, indem du den Skeptiker praktisch in deinen Vortrag einbeziehst. Solange es nicht eskaliert, ist das eine gute Möglichkeit, den Vortrag etwas abwechslungsreicher zu gestalten. Schau dir mal Stand-up-Comedians an, die während des Sets auf ihr Publikum eingehen. Wie sieht das aus und wie wirkt es auf dich?

Außerdem: Du bist nicht allwissend. Als Redner vergisst man das häufig, weil man wie der Experte in dem Gebiet wirken will. Du musst nicht die Antworten auf alles haben. Bei einem guten Vortrag geht es darum, mit deinem Publikum zu interagieren und so eine Verbindung aufzubauen. Wenn nicht aktiv, dann solltest du deinen Zuhörern zumindest das Gefühl geben, dass sie Teil dieses Vortrags sind – das sind sie schließlich, anderweitig würdest du einen Monolog halten und keinen Vortrag. Wenn das Gehirn dann dicht macht und du dich plötzlich in einer Situation wiederfindest, in der dein Kopf wie leergefegt wirkt: Keine Panik. Auch hier kannst du das entweder mit Humor überspielen oder auf einen Zuhörer zurückgreifen. „Sie sehen aus, als hätten Sie zugehört..." oder „Wo war ich stehen geblieben?"

Du bist auch nur ein Mensch und darfst vor einem Vortrag nervös sein. Wenn man nervös ist, dann streikt der Kopf manchmal.

Der gute Vorführeffekt setzt ein, wenn man eine bestimmte Information auf Nachfrage hervorholen muss. Diese Situation kennt man vielleicht als Elternteil sehr gut: Als Elternteil ist man die Person, zu der das Kind kommt, wenn es Fragen hat. Und genau genommen weiß man auch, wie Flugzeuge funktionieren. Aber sobald das Kind mit der Frage „Wieso fliegen Flugzeuge?" um die Ecke kommt, sitzt man da und fragt sich, „Ja, wieso eigentlich?"

Was macht man dann als Elternteil? Genau, man setzt sich mit dem Kind zusammen und findet es zusammen heraus. Nicht nur stärkt das die Verbindung, sondern man zeigt offen, dass man als Elternteil auch nur ein Mensch ist und im Leben eben nie auslernt. Wieso sollte man dann im Berufsleben nicht auch diese Taktik für sich nutzen? Menschen lieben es, zu helfen. Sie lieben es, involviert zu werden, und es hinterlässt ein gutes Gefühl, wenn man jemandem geholfen hat. Wenn man sein Gegenüber um einen Gefallen bittet, ist es gleich offener dir gegenüber. Schon mal jemanden nach einer Zigarette gefragt? Schon mal jemanden darum gebeten, dir Feuer zu geben?

An die Nichtraucher: Ihr kommt nicht mit leeren Händen zum ersten Mal zu jemandem zu Besuch, oder? Wenigstens ein Blumenstrauß? Kuchen? Eine Schachtel Pralinen? Wenn es eine Party ist, Getränke? Dasselbe Prinzip. Es geht um das Entgegenkommen. Bevor wir hier also das

Leben mit einer Schachtel Pralinen vergleichen und du im nächsten Satz gebeten wirst, zu laufen (Lauf, Forest! Lauf!), zurück zum eigentlichen Thema: Deine Argumentation darf nicht in gute und schlechte Argumente eingeteilt sein. Es gibt nur stärkere und schwächere Argumente, weil sich nicht alles in eine Pro- und Contra-Liste einteilen lässt (obwohl eine Pro- und Contra-Liste durchaus dabei helfen kann, die Argumentation zu strukturieren und zu visualisieren). Du musst die Aufmerksamkeit deiner Zuhörer so lange es geht auf deinen Inhalt richten, und das geht am besten, wenn du nicht gleich mit dem stärksten Argument deinen Zapfenstreich einläutest.

Wenn du der Typ für TED-Talks bist, dann schau dir diese einmal an und achte darauf, wie sie den Vortrag aufspannen. Diese Vorträge sind sehr informativ, fühlen sich aber nicht so an, als würden sie einen mit Informationen überrollen. Die Redner erzählen eine Geschichte, die das Hauptargument ihres Vortrags nur zementiert. Oder mal anders gefragt: Denke an all die Vorträge, die du dir im Laufe deines Lebens anhören musstest.

Wann hast du gedacht, dass sich der Vortrag endlos hinzieht und der Zeiger der Wanduhr wie eine Schnecke kriecht?

Warum waren diese Vorträge so langweilig für dich?

Was hättest du besser machen können oder wie hättest du den Vortrag aufgezogen?

Diese Fragen solltest du dir stellen, wenn du vorträgst. Wenn du selbst Spaß am Thema und an der Vorbereitung hast, wird sich das auch auf dein Publikum und deinen Vortrag beziehungsweise deine Rede übertragen.

Wie ist ein Argument aufgebaut? Wie finde ich Argumente?

- **Antithetische Argumentation / Die Sanduhr:** Diese Argumentationsstruktur beginnt mit dem stärksten Gegenargument. Es folgen anschließend und absteigend weitere, bis du in der Mitte der Sanduhr mit dem schwächsten Argument endest. Daran knüpfst du an und schließt mit dem stärksten Argument. Diese Struktur ergibt förmlich die Sanduhr, daher der Name.

- **Der Reißverschluss / Ping-Pong:** Diese Argumentation ist eine Art Schlagabtausch zwischen den Kontrahenten. Es geht hin und her: stärkstes Argument – Gegenargument – Argument – Gegenargument usw. Dennoch greift die Argumentation ineinander wie die zwei Teile eines Reißverschlusses und geht in ihren „Bewegungen" nahtlos ineinander über, so, wie es der Fall ist, um ein Ping-Pong-Spiel aufrechtzuerhalten.

- **Linear:** Hier fokussierst du dich nur auf eine Seite des Arguments (meist die positive), ohne die andere Seite des Themas als Gegenstück zu beleuchten.

- **Materialgestützt:** Hier hast du zusätzliche Informationen, die dein Argument untermauern, Materialien wie Grafiken, Artikel, Studien etc. Hierbei geht es nicht nur um deine persönliche Meinung, sondern auch um die Informationen, die deine Meinung stützen.

Im Alltag: Den Wortschatz erweitern

Zum Schluss kannst du einen Gang zurückschalten und dein erworbenes Wissen mal auf eine entspannte Art einsetzen. Seinen Wortschatz erweitert man nicht einfach so über Nacht. Man setzt sich ein Ziel und arbeitet darauf hin. In der Schule lernt man Vokabeln für die Klassenarbeit, in der Uni lernst du den Stoff aus Veranstaltungen für die Abschlussprüfung.

Was ist dein Ziel und somit der Grund, warum dieses Buch eigentlich deine Aufmerksamkeit erregt hat? Auf genau dieses Ziel arbeitest du hin. Nicht ganz mit Vokabel-Heft oder Notizen, aber wenn du dieses Wissen schon mal hast, kannst du es auch einsetzen. Nicht umsonst bist du so lange zur Schule gegangen, oder?

Schritt 1: Stecke dir ein Ziel.

Warum willst du deinen Wortschatz erweitern und für welches Feld?

Ist es im Beruf?

Privat?

Für ein anderes Thema, das dich interessiert?

Schritt 2: Schreibe deinen neuen Wortschatz auf.

Schreibe dir deine neuen Begriffe, die zu diesem Thema gehören, auf. Liste sie auf. Dann schreibst du dir die „Übersetzung" dazu auf.

Beispiel: Kommunikation = lat. communicatio ‚Mitteilung'. Definition: Austausch, Übertragung von Infos, die verbal, nonverbal und paraverbal + über Sprechen oder Schreiben erfolgen kann.

Schritt 3: Erstelle eine Mindmap.

Die Mindmap oder das Cluster hilft dir, diese Wörter zu gruppieren.

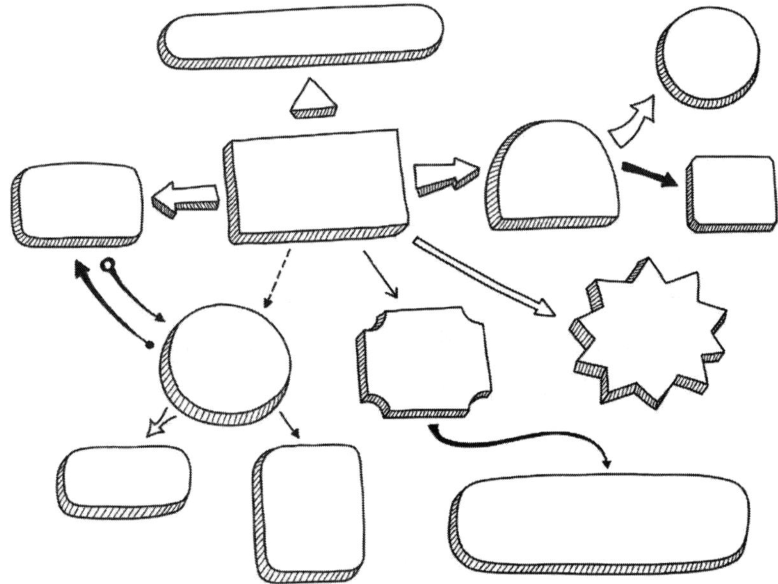

Schritt 4: Fange klein an.

Nimm dir eine „Vokabel" deiner Wahl und erkläre sie dir selbst per Wortsalat, um die Bedeutung auf das absolute Minimum herunterzubrechen.

Schritt 5: Geh jetzt aufs Ganze.

Mache das Gleiche mit den anderen Wörtern. Wichtig ist bei alldem, dass du dir diese Fremdwörter so erklärst, dass du selbst sie verstehst. Schließlich willst du ja auch wissen, was es heißt, wenn du ein bestimmtes Wort in einem Satz verwendest.

Sagen wir, du redest über Kunst, über Vincent van Gogh und seine Sonnenblumen (Nein, er hat keine gelbe Farbe getrunken, um sich von seiner Depression zu heilen. Er trank Farbe und Terpentin, um sich selbst zu vergiften). Du redest von ihm als einen der wichtigsten Künstler des Post-Impressionismus. Das ist der Moment, in dem einer um die Ecke kommt und dich fragt, was denn der Unterschied zwischen Impressionismus und Post-Impressionismus ist – außer natürlich, dass Letzteres nach Ersterem kam.

Wie antwortest du darauf?
Wie definierst du den Begriff so, dass ein fünfjähriges Kind ihn versteht?

Weitere Tipps & Tricks

- **Lasse dich nicht aus der Ruhe bringen.** Du hast ehrliches Interesse an diesem Thema und arbeitest daran, mehr darüber zu erfahren. Wenn du noch nicht alles weißt, ist das nicht der Weltuntergang. Dann liest du einfach noch mehr darüber, kein Problem.

- **Bücher** sind bei einem Ziel wie der Wortschatzerweiterung nicht wegzudenken. Bis heute sucht man sich zuerst ein Buch, wenn man etwas neu lernen möchte. Bücher sind die ultimative Informationsquelle. Deswegen liest du gerade auch dieses – weil du lernen willst.

- **Synonyme** für ein und dasselbe Wort gibt es unzählige. Aber wenn du ein Synonym im Satz verwendest, klingt es gleich ganz anders.

- **Scrabble oder Kreuzworträtsel** sind Spiele, die nicht nur Spaß machen, sondern dir dabei helfen, neu Erlerntes besser zu verinnerlichen.

Der Wortschatz wächst mit dir. Im Laufe deines Lebens verändert er sich und zeigt so unbewusst, was dich alles prägt oder geprägt hat. Es ist also unabdingbar, dich um ihn zu kümmern, wie um einen treuen Begleiter. Gäbe es ihn nicht, wäre es um einiges schwerer, eine Verbindung zu deiner Umgebung aufzubauen. Wie alle Menschen sollst auch du deine Spuren auf dieser Welt hinterlassen. Welche Spuren sollen es sein?